Pariendo pobres

Roxana Ávila

La frontera del futuro

Más allá de las ideologías dogmáticas, con sus posiciones radicalizadas, comprendemos la vulnerabilidad del ser humano en un mundo cambiante, repleto de incertidumbre, sujeto a los vaivenes de la naturaleza y a las intrigas de los *hombres*.

El mundo que conocimos los *baby boomers* del Siglo XX se ha esfumado entre los escombros de la tecnología. La generación futura verá un mundo distinto; el que se está forjando ahora y que cobijará a nuestros descendientes con elementos que harán posible la subsistencia o terminarán con la raza humana.

¿Podemos aún cambiar el futuro? Es posible que estemos en un punto sin retorno pero, aunque el reto se vislumbra casi imposible –bajo las actuales circunstancias– nos queda la esperanza de encontrar un balance.

La destrucción de la vida silvestre, la sobrexplotación de los recursos, los conflictos y guerras por la sobrevivencia constituyen el panorama desolador que hoy nos rodea por la avaricia de los individuos.

Cuando escribimos estos ensayos sobre las causas de la pobreza en Guatemala y el mundo lo hacemos con la preocupación del futuro, con el anhelo de una vida plena y el amor al prójimo.

La pobreza espiritual, la material, pero sobre todo, la intelectual nos ha llevado a tal punto que somos capaces de modificar el entorno natural y social en un afán de despojo para obtener el dinero y el poder. Pero, mientras escuchemos el trino de las aves y miremos un árbol tras la ventana tendremos esperanzas de conservación para la humanidad.

Capítulo I

Límite al crecimiento demográfico

En el umbral del Siglo XXI, cuando creemos que la ciencia y la tecnología han resuelto los problemas de la producción alimentaria nos sorprende leer la noticia que Guatemala encabeza la lista con el más alto índice de desnutrición del Istmo Centroamericano. Para el año de 2008 se publicó, en diarios locales, un informe en donde se sitúa al país en el sexto lugar de las naciones con problemas de alimentación en el mundo, de acuerdo a estudios realizados por UNICEF.[1]

Según el Informe Nacional de Desarrollo Humano publicado por PNUD Guatemala en 2008, tenemos que: *Al final de la década de 1980, el 62.8% de los Guatemaltecos vivía en situación de pobreza; está cifra se había reducido en casi doce puntos para el año 2006. A pesar de esa reducción, todavía más de la mitad de la población sigue viviendo en condiciones precarias. Esto significa que debido al crecimiento demográfico del país durante un período de dieciséis años (1989-2006), el número absoluto de pobres se incrementó de 5.4 a 6.6 millones; es decir, un millón doscientas mil personas se sumaron a esta condición.*[2]

Para contextualizar, debemos comprender que la curva demográfica de la humanidad, en términos generales, ha venido en aumento. Hace diez mil

---

[1] Giovanni Contreras, *País tiene desnutrición infantil más alta del Istmo*. En: Siglo XXI (Guatemala, 1 de abril de 2008) http://www.sigloxxi.com.gt/index.php?link=noticias¬iciaid=19116 (Consultada noviembre de 2009)

[2] Programa de las Naciones Unidas para el Desarrollo, *Guatemala: ¿Una Economía al Servicio del Desarrollo?* En: Síntesis del Informe Nacional de Desarrollo Humano 2007/2008, (Guatemala, 2008) pp. 10-11.

años, la población mundial empezó a crecer a un ritmo que se duplicaba cada mil setecientos años, debido, principalmente, a la aplicación de técnicas agrícolas y ganaderas. Al comienzo de nuestra era la población mundial rondaba los ciento cincuenta millones de personas. Para el año 1348 se extiende por Europa la Peste Negra, epidemia que reduce a la población europea en un tercio. A pesar de ello, para el año 1600 la cifra alcanza los quinientos millones; para el año 1800, los novecientos millones y para el año 1900, los mil seiscientos millones. Según cálculos de Naciones Unidas, para el año 2000 rebasábamos los seis mil millones y, a pesar de los esfuerzos por detener este crecimiento acelerado, para el 2050 se espera que la población exceda los nueve mil millones.[3]

Para el caso particular de Guatemala hasta 1778 la población era de 396,149 habitantes, según el censo realizado ese mismo año por las autoridades eclesiásticas. Hacia 1950, cuando se inician los censos de población formales conforme a las recomendaciones de la Organización de las Naciones Unidas, la cifra llega a 2.790,868 habitantes. Para 1980 el número de habitantes casi se triplica; ya en el 2002 teníamos una población de once millones y en el año 2010 estaremos rebasando los quince millones.[4]

El siglo XX se caracteriza por una gran expansión demográfica, producto de la revolución agrícola, industrial y tecnológica que permiten la obtención de excedentes alimenticios. La mano de obra en el campo se libera para ser ocupada en actividades industriales. Una de las causas de ese crecimiento es la disminución de la mortalidad producida por los

---

[3] En:http://es.wikipedia.org/wiki/Poblaci%C3%B3n_mundial#Poblaci.C3.B3n_a_trav.C3.A9s_de_la_historia (consultada noviembre de 2009)

[4] Instituto Nacional de Estadística, INE. Censos 2002: XI de población y VI de Habitación. (Guatemala, 2003)

avances en materia de salud, así como a tasas de natalidad que se multiplican exponencialmente con el crecimiento demográfico –impulso demográfico– que se produce por la cantidad de jóvenes que entran en edad reproductiva. En 1950, con la apertura democrática, se crea en Guatemala el sistema de seguridad social, se inician las campañas de vacunación periódicas y la tasa de natalidad se mantiene en alza. El Estado tiene poca capacidad para proporcionar servicios a esta población en crecimiento, por lo cual se agudizan los problemas en el campo y en las zonas marginales.

Actualmente, se hacen esfuerzos por controlar el crecimiento demográfico, especialmente en las zonas rurales, pero hasta ahora esos esfuerzos no han tenido resultados efectivos. Por ello, nos encontramos frente a una crisis alimentaria de grandes proporciones. En ciertas áreas, el suelo se ha degradado de tal manera que no puede proveer suficiente alimento a las familias campesinas. La forma en que se ha venido deteriorando la atmósfera, la tierra y el agua de nuestro planeta a causa de la actividad humana, afecta negativamente la calidad de vida provocando enfermedades, pérdidas económicas y degradación de las riquezas naturales de nuestro entorno.[5]

Es difícil creer que nos encontremos en condiciones de miseria similares a las de otras regiones del planeta, en donde se cuentan por miles los niños desnutridos y moribundos. En lugares como África Subsahariana no existe un marco de seguridad alimentaria y la tasa de crecimiento poblacional es muy alta. En reportajes periodísticos se muestran imágenes de padres que apenas pueden sostener a sus hijos en brazos y darles un poco de

---

[5]   Giorgio Solimano y Lance Taylor, et. al. *Política y Alimentos en América Latina*, Centro de Estudios económicos y sociales del tercer mundo –CEESTEM. Ed. Nueva Imagen (México, 1981)

cereal o agua. Alimentos que provienen –casi siempre– de donaciones de organismos de ayuda internacional o de empresas privadas.[6]

En Guatemala, la iniciativa privada, en momentos de crisis, ha sido más eficaz para atender a la población de escasos recursos que las entidades del Estado. Las instituciones estatales permanecen ausentes como mudos espectadores del panorama sombrío que se nos presenta. Las madres lucen tan débiles y desnutridas como sus hijos y puede verse en sus rostros el sufrimiento debido a las condiciones que les son adversas. Lo anterior –las noticias de las hambrunas–, nos parece un contrasentido, ya que tenemos un país rico en recursos, somos una de las economías más pujantes de la región centroamericana, pero tenemos, también, el segundo lugar en densidad demográfica en Latinoamérica y nuestra renta per cápita es una de las más bajas.[7]

Es duro pensar que la niñez guatemalteca venga al mundo en condiciones de tanta pobreza, de tanta precariedad y falta de oportunidades. Es difícil creer que las condiciones en las que viven muchas familias que habitan las regiones montañosas más alejadas y remotas de Guatemala, así como los asentamientos marginales urbanos que proliferan en la ciudad capital, se hayan deteriorado hasta ese punto. Cientos de niños guatemaltecos se encuentran al borde de la muerte por desnutrición. Esa niñez, en las circunstancias actuales, tiene pocas probabilidades de insertarse en el contexto económico de nuestra nación. Un cuadro aterrador, se nos presenta para el futuro: los pobres.

Los factores que generan la pobreza siempre han estado presentes en la historia de la humanidad. Los trastornos climáticos se han evidenciado, particularmente en los últimos años, agudizando la sequía en ciertas

---

[6]   Informe del Programa Mundial de Alimentos FAO, (Roma, Italia) *El estado de la seguridad alimentaria*. En: Prensa Libre (Guatemala, 15 de octubre de 2009) P. 2.
[7]   Contreras, G. Ibíd.

regiones y las inundaciones en otras. Estas perturbaciones climáticas han venido a deprimir, aún más, la economía de las familias que viven de la agricultura de autoconsumo. Por las sequías y las inundaciones las cosechas han mermado de manera significativa. En consecuencia, se avizora un deterioro mayor de las condiciones de vida, no solamente en Guatemala sino en el mundo entero. Algunos países enfrentan otros problemas: deslaves, derretimiento de los glaciares, temperaturas extremas, deterioro medioambiental y contaminación.[8]

El crecimiento desenfrenado en la economía ha causado desequilibrios climáticos y crisis financieras recurrentes, lo que deviene en un mayor empobrecimiento de la población vulnerable. Se deben buscar nuevos paradigmas, puesto que los modelos tradicionales –socialistas y neoliberales– no han logrado dar respuesta positiva al desarrollo humano integral. El sistema industrial promueve el consumismo como la forma de conseguir prosperidad económica, pero la dinámica del sistema industrial es una causa de la degradación ecológica. Debemos elaborar un nuevo modelo de desarrollo sostenible que minimice los efectos colaterales del crecimiento económico.

A lo largo de la historia han existido elementos y condiciones estructurales, que funcionan de manera coordinada, para crear gobiernos corruptos que no satisfacen los servicios a la población. El actual modelo neoliberal propone las democracias participativas como forma de gobierno en las sociedades. Sin embargo, en ese modelo se evidencian contradicciones. Se crean formas de gobierno con índices de corrupción muy altos, falta de recursos, cierta inoperancia y mala orientación de las

---

[8]   Brenda Martínez, *Feroz Sequía en Sudamérica*. En: Prensa Libre, (Guatemala, 15 de noviembre de 2009) pp. 28-29.

políticas públicas para resolver los problemas sociales; todo lo anterior nos obliga a repensar este modelo de desarrollo.

En el caso particular de Guatemala, lo único que logran los gobernantes –con las actuales políticas populistas de beneficencia– es prolongar, por unos meses, la agonía del pobre. Estos programas, por lo general, no benefician al más necesitado, sino sirven de excusa para alimentar la corrupción y la burocracia gubernamental.

El panorama se vislumbra más complejo y peligroso de lo que algunos analistas sociales exponen al estudiar el tema de la pobreza en Guatemala. Muchos de estos académicos se circunscriben a tratar la problemática de la pobreza desde el sector indígena y se esconde la pobreza entre los mestizos, quienes también padecen hambre y falta de servicios básicos. La privación de estos servicios ha sido una constante en el campo. En la actualidad, se observa con mayor gravedad en los departamentos del oriente del país. La población de esta área ha sido afectada por una profunda y prolongada sequía, que ha derivado en la disminución de las cosechas. La falta de producción de alimentos y el desabastecimiento de productos ha generando problemas de desnutrición crónica en las familias que habitan esas regiones.

La ayuda humanitaria es un paliativo que no estimula el cambio en los paradigmas alimentarios y nutricionales. Por ejemplo, la población guatemalteca tiene una dieta básica de maíz y frijol, que apenas le sirve para subsistir con los requerimientos mínimos de nutrición. En los hogares se necesitan mejores fuentes de vitaminas y minerales para atenuar las carencias nutricionales que, en muchos casos, son las causantes del *cretinismo endémico* que hay en el país. La mala alimentación deviene en problemas de aprendizaje entre la población escolar. Todo este cuadro crea un efecto circular que con el tiempo profundiza la miseria extrema. Es un círculo vicioso de pobreza que genera más pobreza. La población hambrienta se alimenta con atoles, tortilla y café, dieta que no le proporciona las vitaminas necesarias para tener un crecimiento físico adecuado. Los que logran sobrevivir lo hacen con bajo peso y talla; no se desarrollan adecuadamente, por lo cual se convierten en niños con deficiencias de aprendizaje, en adultos sin capacidad de trabajar y desempeñarse en un mundo cada vez más competitivo.

Las mujeres son el sector más vulnerable porque, además de estar sumidas en condiciones de extrema pobreza, son sojuzgadas por el machismo o por el dogmatismo religioso. La gran mayoría de mujeres no termina de amamantar a un niño cuando vuelve a quedar embarazada. Su cuerpo sufre de agotamiento y los niños padecen desnutrición. Con estos estereotipos alimentarios es imposible salir adelante y vencer el flagelo del hambre. Con la actual dinámica social guatemalteca, comprendemos que el asistencialismo, que promueve el gobierno central, no contribuye a mejorar el rendimiento físico y mental de la población marginal. Se utiliza el reparto de granos básicos y otros insumos de la canasta básica en una actitud de tipo electorera. Un modelo populista de asistencialismo que no promueve la productividad del guatemalteco. Es evidente que el Estado no tiene políticas definidas a futuro.

El crecimiento demográfico genera otros problemas igualmente difíciles de afrontar, los alimentos no se producen en las áreas en donde se consumen, hay un incremento en los costos de los insumos y problemas de logística, tales como el transporte. Por aparte, en las áreas de producción, se debe contar con agua para riego, utilizar fertilizantes, tecnología apropiada, energéticos y otros productos para obtener cosechas de alto rendimiento. Desde esta perspectiva global, para nuestro país es urgente encontrar mecanismos que nos permitan producir más alimentos con menos recursos. Además afrontamos el cambio climático que se avizora inexorable y esa situación plantea desafíos estratégicos. Con el aumento de la población, estamos creando un cataclismo ecológico y por tanto la vida en el planeta se puede extinguir.

La población de América Latina tiene un crecimiento demográfico acelerado. Guatemala tiene la tasa de fecundidad más alta de Centroamérica. Cerca del 40% de la población es menor de 15 años.[9] Visualizamos que tenemos un segmento de la población integrado esencialmente por jóvenes, los cuales están entrando en edad reproductiva. En una extensión territorial de sólo 108,890 kilómetros^2 tenemos actualmente una densidad demográfica aproximada de 140 habitantes por kilometro^2. Las estimaciones más conservadoras de crecimiento poblacional para el país, según los datos del Fondo de Población de la ONU, arrojan cifras para el año 2025 de 20 millones de habitantes.[10] Pero si no se toman las medidas correctivas pertinentes, podríamos llegar a tener, en consecuencia, más de 30 millones de habitantes para ese mismo año, lo cual provocaría un deterioro apocalíptico de grandes dimensiones. Podemos predecir que tendremos espacio para vivir, mas no para cultivar alimentos para todos. Según el caso, tendríamos una crisis sanitaria sin precedentes debido, entre otros factores, a la creciente incapacidad del Estado de responder a las necesidades ingentes de los ciudadanos. Estudios de la Organización de las Naciones Unidas para la Agricultura y la Alimentación -FAO estiman que: el mundo deberá producir para el año 2050 alrededor de 70% más alimentos que los que actualmente se cultivan, esto como consecuencia del crecimiento demográfico que se proyectará, sobre todo, en los países de África Subsahariana y Latinoamérica.[11]

---

[9] Instituto Nacional de Estadística. Censos 2002: XI de población y VI de Habitación. (Guatemala, 2003)

[10] Fondo de Población de la ONU. En: http://guatemala.unfpa.org/ (Consultada noviembre de 2009)

[11] Informe FAO, *Grandes Retos para la Agricultura Mundial*. En: Siglo XXI (Guatemala, 29 de septiembre de 2009) p. 8.

A pesar de los esfuerzos que se han venido realizando por parte de organismos internacionales y de instituciones públicas y privadas, los índices de fecundidad en Guatemala no han disminuido como consecuencia de innumerables factores. Destacan las cosmovisiones de origen prehispánico; tal vez sea el "machismo maya" una de las causas que provoca más crecimiento poblacional. El apego a las costumbres y las tradiciones preestablecidas dentro de estas sociedades condiciona a las mujeres –casi exclusivamente– al rol reproductivo. Por aparte, en la cultura occidental existen también los tabúes religiosos que impiden que muchas mujeres acudan a recibir información y tengan conocimiento de métodos anticonceptivos adecuados.[12] La falta de información contribuye de manera significativa para que los muchachos y muchachas tengan relaciones sexuales prematuras y de manera irresponsable procreen hijos no deseados. La planificación familiar es, definitivamente, una de las mejores herramientas para reducir la mortalidad materno-infantil, además, mejora las expectativas de vida.[13]

La falta de acceso a métodos anticonceptivos –entre la población rural o urbana– no es el único factor que incide en el incremento de la natalidad. Otro de los aspectos que influye en la curva demográfica es la mala calidad en la educación, que se evidencia en la falta de escuelas, de maestros capaces, de libros –material didáctico– e instalaciones apropiadas. Asimismo, en la implementación de programas educativos

---

[12]   Fernando Magzul, *Quieren Planificar*. En: Prensa Libre (Guatemala, 13 de noviembre de 2009) p. 46.

[13]   En 1972 se publicó un informe llamado "Los límites del crecimiento", encargado al MIT por el Club de Roma poco antes de la primera crisis del petróleo. El informe se basa en la simulación informática del programa World3, con el objetivo de recrear el crecimiento de la población, el crecimiento económico y el incremento de la huella ecológica de la población sobre la tierra en los próximos 100 años. La tesis principal del libro es que, en un planeta limitado, las dinámicas de crecimiento exponencial (población y producto per cápita) no son sostenibles. Así, el planeta pone límites al crecimiento, como los recursos naturales no renovables, la tierra cultivable finita y la capacidad del ecosistema para absorber la polución producto del quehacer humano, entre otros.

que procuren, a mediano plazo, la comprensión de un modelo de vida que se traduce en bienestar para la familia guatemalteca. Otro detonante de la curva demográfica es la poca cobertura para la salud reproductiva y métodos anticonceptivos; la escasez de recursos que destinan los gobiernos para la compra de medicamentos e insumos en los centros de salud; la falta de médicos, enfermeras, comadronas y demás personal hospitalario dispuestos a prestar sus servicios en el área rural son, entre otros, factores que influyen en la obtención de pobres resultados y pocos avances en la protección de la salud familiar.

La crisis alimentaria derivada, en parte, de la crisis global y profundizada por la sequía persistente en varias zonas del país, nos ha evidenciado el rostro de la miseria, algo que revela la inoperancia de los funcionarios, quienes haciendo gala del más alto grado de improvisación, no tienen la capacidad para resolver el problema de la hambruna. Desde esta posición se debe cuestionar el modelo democrático de elección, porque estos funcionarios no tienen compromiso con sus electores. En consecuencia, es necesario repensar los roles de la *casta política*[14] guatemalteca.

La población tiene la creencia que el funcionario público es la persona que desempeña una labor o empleo en beneficio de la sociedad que lo designa, y que está obligado a guardar respeto por la institucionalidad del país. Un ser digno, un ser correcto, un ciudadano al que se le paga por cumplir un trabajo en beneficio común. Sin embargo, la realidad política nos enseña

---

[14] El término casta se define como un grupo de personas en una sociedad que forman un segmento especial, el cual no se mezcla con los otros grupos sociales. En este ensayo –por corresponder a un análisis concreto actual– se utilizará el término casta como aquel grupo social que se define, en el entramado social, por el imaginario que lo configura, por la actividad particular que desarrolla. El mismo actúa de forma ambivalente en beneficio de sus intereses particulares, difundiendo y exponiendo el discurso del bien común, para citar un grupo concreto: la casta política.

que el ideario de este tipo de funcionario público está en vías de extinción. Comprendemos, entonces, que estas personas haciendo uso de su libertad individual se lanzan al ruedo político, por medio de una organización constituida o por constituir; luego, con la ayuda de los medios de comunicación y con financiamiento propio o de sus "mecenas", logran hacerse de una imagen de alto perfil que le proporciona reconocimiento entre los electores. Una vez ganada cierta posición en el medio político y pasadas dos o tres campañas electorales, finalmente, obtienen el derecho de convertirse en candidatos viables para ocupar un cargo público. Si estos políticos ganan la elección, se instalan en el puesto, se hace acompañar de sus seguidores quienes se convierten en carroñeros del erario público y se enriquecen rápidamente. En consecuencia, el objetivo del funcionario público no es servir al ciudadano, sino servirse de las instituciones para mantenerse en el poder el mayor tiempo posible.

Probablemente, ahora más que nunca, somos testigos de los signos del cambio, del crecimiento, del peligro y del dilema en todas las esferas de la vida. Desde la seguridad de las naciones a la renovación de las ciudades, desde la educación de los jóvenes hasta el bienestar de los adultos mayores, todo parece ser un desafío. La cantidad y profundidad de los problemas que enfrentamos sugieren que la vida y la libertad de las sociedades están en entredicho. El desafío consiste en preservar los valores de una sociedad sin caer en dogmatismos ni fundamentalismos. Resulta urgente la creación de una nueva agenda nacional que sirva de base para un diálogo serio que reconozca los derechos de todos los actores de nuestra sociedad. Una agenda que se traduzca en respuestas incluyentes, sin sectarismos; que le dé seguimiento a todas las cuestiones prioritarias que el país requiere. Pese a todas las contradicciones se están abriendo espacios para nuevas dinámicas, porque en la actualidad es más fácil obtener el compromiso de algunos sectores como los maestros, los padres de familia, algunas agrupaciones políticas y grupos empresariales. Se están manifestando cambios en la percepción del ciudadano con respecto al futuro.

Actualmente, nos enfrentamos a un recrudecimiento de la violencia y la criminalidad, al crecimiento de las "maras", al deterioro del ambiente y a un acelerado proceso de contaminación. Como lo hemos expresado, tenemos una curva demográfica en franco aumento, por ende, se ha creado una mayor incidencia de enfermedades, hambre y colapso total de las instituciones de gobierno. Por lo que, aunque parezca una posición ingenua, tenemos que involucrarnos todos los habitantes y tomar la decisión firme de ser miembros activos de una solución integral. Debemos convertirnos en agentes de cambio, en maestros contra la ignorancia, en modeladores de la conciencia de la siguiente generación de ciudadanos. La puesta en marcha de una solución no se vislumbra fácil, menos cuando comprendemos el espíritu contradictorio del ser humano. En demasiadas ocasiones la actitud de nuestros congéneres es de rapiña arribista. Sin embargo, creemos que si extendemos nuestra red de influencia en los ámbitos en los que vivimos y ésta se extiende exponencialmente hacia los demás, tendremos pronto resultados tangibles, aunque ahora nos parezca una utopía. Finalmente, es nuestra propia existencia como especie la que está en riesgo.

Somos muchos los guatemaltecos que hoy vivimos con miedo. Si nos seguimos reproduciendo al ritmo actual, seremos el doble o el triple. Pronto estaremos, matándonos unos a otros por un pedazo de tierra, peleando por las mismas oportunidades de trabajo, arrebatándonos el mismo plato de comida o sintiendo envidia del vecino. Un gran porcentaje de personas están dispuestas a delinquir, con el pretexto de "no dejar morir de hambre a sus hijos". Sí seguimos bajo esta dinámica social nos mataremos unos a otros hasta que no quede nadie. Hay que actuar ahora, promoviendo la reproducción responsable de la sociedad. En caso contrario, tendremos que promulgar leyes muy severas que castiguen el abandono de los hijos y que obliguen a los padres a brindar asistencia y educación a su prole. Es urgente la implementación de campañas para informar a la población sobre el uso de anticonceptivos y métodos de control natal. Se debe monitorear la atención de las mujeres embarazadas facilitándoles el acceso a los servicios de salud reproductiva.

Con el análisis de este proceso histórico planteamos las siguientes interrogantes: ¿Qué soluciones proponemos para detener la crisis global en materia energética, alimentaría, social, ambiental y de seguridad ciudadana? ¿Qué esperanzas hay para que las generaciones futuras tengan una vida plena, en vista del insoslayable cuadro apocalíptico que se avecina? Estas y otras preguntas son las que preocupan en estos atribulados días. Quienes tenemos acceso a la información, a través de los distintos medios masivos, véase, Internet, televisión y publicaciones de carácter científico, nos sentimos preocupados al cuestionarnos sobre estos temas. Se tratará de visualizar opciones que nos permitan encontrar las posibles soluciones a los problemas más urgentes de la humanidad. No podemos apartarnos de una realidad que nos agobia y la necesidad urgente de encontrar un equilibrio entre fuerzas productivas y el bien común. Éste pasa, necesariamente, por el crecimiento económico, por el uso adecuado de los recursos, por la protección del medio ambiente y, sobre todo, por el respeto a la vida. Comprendemos un equilibrio desde la perspectiva de la preservación de la especie humana y su entorno ecológico.

Como resultado de las crisis que se suceden, una tras otra, los tiempos son difíciles para el planeta. No se vislumbran soluciones para los problemas que agobian a la humanidad. Entonces resulta paradójico, casi risible, que se siga debatiendo sobre ideologías obsoletas y posturas dogmáticas. Algunos sectores continúan pensando en un mundo bipolar, éstos insisten en lanzarnos al vacío de las ideas fundamentalistas.

Por una parte, un grupo promulga por cambios en la distribución de la tierra, la igualdad y la equidad, a través de garantizar la seguridad alimentaria por la vía de las donaciones y la producción convencional de alimentos. Este sector propone la idea de volver a los sistemas de cultivo primitivos, con semillas y tecnologías anticuadas. Emiten un discurso sobre la protección del medio ambiente y la ecología, casi de manera oficiosa, que raya en demagogia. Posición que si bien no es del todo descabellada, por la protección al ambiente, no es económicamente viable para el desarrollo de ningún país, menos en un mundo globalizado. Se empeñan en desarrollar modelos que no generan riqueza, sin embargo – como discurso– quieren repartir la tierra y lo único que consiguen es generalizar el conflicto y agudizar la pobreza. La apropiación y repartición de los bienes privados, es una propuesta que insisten en plantear los que se autodenominan socialistas. Los seguidores de esta ideología promueven reformas fiscales para que se realicen programas asistencialistas. Se habla constantemente de expropiación de tierras, de repartición de bienes de capital, de desarrollo rural mediante subsidios de todo tipo; desde la entrega de tierras al crédito, hasta las ayudas que solo sirven de trampolín político a más de algún aprovechado. Un modelo de desarrollo social que la historia ha demostrado, fehacientemente, que no es posible articularlo. La izquierda perdió el debate sobre el libre comercio, por lo que ha tenido que quedarse con el discurso de las reivindicaciones de tierra y la ayuda estatal para mantenerse vigentes.

La práctica ha demostrado, hasta el cansancio, que las tierras dadas a los campesinos –sin educación y sin asistencia técnica– han sido mal aprovechadas, depredadas y, por lo general, saqueadas por los nuevos propietarios. Dejan atrás un cuadro de deforestación impactante. Este tipo de solución –el repartimiento de tierras– no ha logrado el objetivo de sacar de la pobreza a los habitantes de las zonas rurales. La gran mayoría de campesinos beneficiados no se han organizado en empresas eficientes que permitan hacer sostenibles estos proyectos. Por el contrario, estos beneficiarios utilizan la tierra, el agua y demás recursos en forma irresponsable. Paradójicamente, algunos grupos de campesinos realizan constantemente marchas y bloqueos para manifestar su oposición a la instalación de empresas que proyectan la explotación minera, petrolera, e hídrica. Acusan a las empresas de ser causantes de la contaminación y del saqueo de los recursos naturales, pero no asumen la responsabilidad por el deterioro ambiental que les corresponde.

Como ejemplo, en Guatemala, la contaminación ocasionada por las comunidades, las instalaciones turísticas y las casas de descanso ubicadas a las orillas del lago de Atitlán –entre otras causas– ha generado un problema sin precedentes que amenaza con agudizarse cada vez más. Toneladas de heces fecales, detergentes y abonos químicos se vierten diariamente a las aguas, lo que produce la proliferación de bacterias y el crecimiento de algas; adicionalmente, el calentamiento global produce cambios en la fotosíntesis lo que provoca el crecimiento acelerado de las mismas rompiendo el equilibrio. Hoy, luego de años de consumismo desenfrenado y negligencia por parte de las autoridades municipales y estatales, el medio ambiente nos pasa la factura por los excesos.

Por otra parte, la teoría neoliberal fundamentada –principalmente– en el libre mercado ha demostrado, en la práctica, tener fisuras en la ampliación del mercado mismo. Vemos que los acontecimientos recientes han desvirtuado la idea de un mercado auto regulado que es capaz de controlarse a sí mismo, de repartir riqueza y beneficios para todos los elementos del conglomerado humano. La posmodernidad como forma cultural y, ahora, la globalización como expresión económica se manifiestan con extremo egoísmo hacia la vida del planeta. Algunos miembros de la cúpula empresarial de este país -y de otros- están más interesados en defender posiciones personales, sin importarles si sus acciones contravienen el entorno ecológico. Se aferran ideológicamente a principios tan dogmáticos que cualquier propuesta encaminada a mejorar la situación de la pobreza es inmediatamente descalificada o tachada de totalitarista. Defienden sistemáticamente todas las posibilidades de inversión que tengan como finalidad engrosar únicamente sus bolsillos, haciendo caso omiso de las contraindicaciones por los daños que dichas acciones pueden provocar al ambiente.

La pobreza, como hemos indicado, está definida por una serie de situaciones asociadas, entre las que se encuentra el bajo consumo, la desnutrición, la falta de vivienda adecuada, las malas condiciones sanitarias y la desintegración social. La pobreza no se define únicamente como la carencia de necesidades básicas de orden material, sino que debe incluir las privaciones espirituales como la autorrealización personal, la calidad del medio ambiente, la libertad y la participación social por mencionar algunas.[15]

Bajo la óptica de la productividad industrial se asume que la calidad de vida equivale a mejores ingresos y consumo, sin tomar en cuenta las otras variables de desarrollo humano. En ese sentido, el libre mercado, como propuesta teórica, muestra deficiencias en su concreción, porque en la actualidad no es posible competir en condiciones de igualdad en un mundo globalizado, en donde prevalece la "ley del más fuerte". Los países grandes y desarrollados establecen barreras a la libre competencia, desde

---

[15]   Al final de la década de 1980, el 62.8% de los guatemaltecos vivía en condición de pobreza; –se mide pobreza por consumo– esta cifra se había reducido en casi doce puntos para el año 2006. A pesar de esa reducción, todavía más de la mitad de la población sigue viviendo en condición de pobreza. Esto significa que, debido al crecimiento demográfico del país durante un período de diecisiete años (1989–2006), el número absoluto de pobres se incrementó de 5.4 a 6.6 millones. Programa de las Naciones Unidas para el Desarrollo. (2009) *Guatemala: ¿Una economía al servicio del desarrollo humano?* En: Síntesis del Informe Nacional de Desarrollo Humano (2007/2008) p. 11.

sus empresas, que anulan a sus competidores con prácticas monopolistas. La competencia como modelo perfecto en el proceso histórico no existe y, por tanto, es la causante de las asimetrías en el crecimiento de sociedades menos desarrolladas.

Es necesario crear correctivos a estas deficiencias del mercado local por medio de políticas fiscales adecuadas, políticas públicas que incorporen avances tecnológicos aplicables a la producción y una agresiva campaña de comercialización de los productos nacionales. Además, se debe impulsar el establecimiento de tratados de libre comercio con las sociedades industriales en condiciones que favorezcan un desarrollo sostenible del país. En ese sentido, es importante la promoción y el consumo de productos locales más una política de comercialización de los excedentes que permita un intercambio justo con las naciones del orbe, especialmente con nuestros vecinos latinoamericanos. Esta propuesta de comercialización regional promueve el ahorro de combustibles, permite también reducir, en gran medida, la huella ecológica del sistema industrial, sobre todo, en los alimentos que consumimos.

La sobrepoblación en el campo genera subempleo rural y éste se vuelca a las ciudades produciendo subempleo urbano. Las fábricas no brindan cobijo a la mano de obra excedente. Este ejército de gente disponible permite al empresario mantener los salarios bajos, como consecuencia del crecimiento de la curva demográfica. La población marginal crece y sigue alimentando a la masa de desempleados y subempleados. Estos marginados, sin saberlo, proporcionan obreros no calificados a un mercado internacional que demanda, en su lógica de producción, mano de obra barata que se convierte en el principal producto de exportación de los países pobres.

Por todo lo expuesto, es prioritario promover un cambio de mentalidad entre la casta política y religiosa. Unos deben ser los impulsores y facilitadores de los programas estatales y los otros deben apartarse de su rol como inquisidores de la moral ciudadana. En esencia los religiosos deben adaptarse a una ética que permita, desde su doctrina, la dignidad humana para todos.

Nos proponemos analizar las causas de la pobreza desde la perspectiva de un acelerado crecimiento demográfico y sus graves consecuencias ambientales. Trataremos de proponer soluciones apropiadas en respuesta a las inquietudes de un mundo globalizado, desarrollando un pensamiento analítico que nos ayude a frenar la propia extinción de la humanidad. Intentamos dar una voz de alarma para que se busquen soluciones a la crisis social y ambiental. De las acciones que se implementen dependerá la calidad de vida de nuestros hijos y de todos los seres vivos del planeta. Toda esta reflexión puede servir como primer paso para empezar a construir el futuro que queremos para nuestra generación y para las generaciones venideras.

Capítulo II

Los ricos

¿Quiénes son las personas que tienen riqueza? ¿Cómo llegan a tener riqueza? y, ¿en qué momento se convierten en personas con alto poder adquisitivo? Estas y otras preguntas tienen una respuesta múltiple, por principio, la riqueza es relativa.

Como ejemplo analicemos el siguiente caso. En una región de África fueron asesinados dos granjeros. El caso cobró notoriedad en los medios de comunicación internacionales por la violencia del asesinato. Estos granjeros se dedicaban a cultivar sus parcelas. Desde ese día, otros habitantes del valle tuvieron que armarse para defender sus propiedades de los delincuentes. Estos rancheros, quienes durante años cultivaron las pocas tierras fértiles de la región, vivían tranquilos y en paz con las tribus nómadas que habitaban los alrededores. Las tribus se alimentaban con los productos de sus rebaños. Además, viajaban estacionalmente buscando el pasto para sus animales, talaban los árboles para cocinar y fabricar sus herramientas. Los nómadas en un equilibrio social con los granjeros –sedentarios– mantenían la armonía de la región, una simbiosis cultural entre ambos grupos.

Luego de varios años de sequía los pastos se agotaron, los animales murieron y los pocos árboles que quedaban fueron talados. Los nacimientos de agua que aún existen en la región se encuentran en el valle fértil de los granjeros. Éstos, a pesar de estar en mejores condiciones, también han sido golpeados por la sequía. Toda la región ha sido perjudicada por la deforestación ocasionada, en gran parte, por las tribus ambulantes. Ahora los granjeros son víctimas del embate de la violencia de las tribus. Sus modestas viviendas, las que apenas podrían pasar por humildes casas en otro país, son objeto de saqueos por parte de las tribus errantes. Los granjeros son descritos por los pastores nómadas como los ricos de la región. Éstos, con la actitud de procurar su sobrevivencia, asaltan las casas y matan a sus dueños. El equilibrio entre ambos procesos culturales –sedentaria y nómada–, dada la crisis ambiental, perdió su balance.

Los granjeros –con algunos recursos–, a quienes socialmente catalogamos como clase media, se las arreglan para sobrevivir de manera precaria. Ellos son los únicos que contribuyen con la economía del lugar. Cultivan los productos que surten el mercado local, con ello ayudan a paliar la escasez de alimentos. Por aparte, los integrantes de las tribus después del saqueo de las granjas se retiran dejando a su paso destrucción y caos. Estos nómadas, convertidos luego en delincuentes, no se quedan en las granjas para trabajarlas y hacerlas productivas. Son personas sin conocimientos sobre agricultura, prácticamente ignorantes en la cultura agrícola sedentaria, por lo cual no pueden tomar el lugar de los granjeros, pues no saben cómo cultivar la tierra. Tampoco pueden darle mantenimiento a las casas, invertir en mejorar el hato o recoger las cosechas. Generalmente, los saqueadores, toman lo que necesitan, un poco de comida, ropa y utensilios como botín que venden para después quedarse sin nada, por lo que vuelven a robar y a matar sin piedad. Parece un círculo infernal que termina por empobrecer a todos.[16]

Algunos granjeros se han quedado para defender sus propiedades, pero la gran mayoría ha optado por irse. El resultado, al final, es el empobrecimiento general de la región. No hay quien cultive la tierra, los

---

[16] Otras masacres de similares características siguen produciéndose en la región de Nigeria en donde los pobladores cristianos han sido masacrados por los nómadas musulmanes. En: *Conmoción por la masacre en Nigeria,* Crítica de la Argentina. (9 de marzo de 2010) DPA. En: http://www.criticadigital.com.ar/index.php?secc=nota&nid=38859 (Consultada marzo de 2010)

conocimientos adquiridos por los granjeros se van con ellos. En consecuencia, nadie sabe cómo producir alimentos para subsistir. Además, el cuadro se vuelve dramático por la sequía. La gran mayoría pasa a engrosar las filas en los campos de refugiados. Allí coexisten en tiendas de campaña y reciben alimentos gratuitos, proporcionados por los organismos de ayuda internacional. Probablemente algunos de estos nuevos desterrados logren que sus hijos reciban atención médica y cuidados mínimos. Pero, sin educación, estos niños van a engrosar las filas de los "condenados de la tierra" y se volverá a repetir el ciclo de la pobreza. Entonces, tenemos un cuadro desalentador para la región. Niñas embarazadas, tan desnutridas como sus hambrientos hijos; hombres sin trabajo, sin sueños, sin esperanza, sin futuro, pero eso sí, muy dispuestos a violar, robar y matar en el afán por la sobrevivencia. En otras partes del mundo ricos y pobres muestran diferencias abismales, pero la construcción productiva de esos países les permite un equilibrio; por el contrario, en el caso anteriormente enunciado se perdió el tejido social y toda la región entró en un estado crítico.

Al realizar el análisis de la riqueza para el caso particular de Guatemala, algunos intelectuales —con una tendencia de izquierda— pregonan una realidad distinta a la que evidencia el proceso histórico. Un breve recorrido por la historia del país, para explicitar la anterior contradicción de estos intelectuales, es fundamental para exponer como algunas de las familias tradicionalmente poderosas que aún quedaban desde la colonia ya no existen. Esas familias -llamadas de abolengo- cuyos antepasados recibieron tierra por medio de las encomiendas, con el fin de hacerlas productivas para generar tributos para la corona española, se han modificado e integrado en el proceso histórico del país desde otras posiciones sociales. Parte de los descendientes de estos núcleos familiares se integraron con personas de diferentes estratos económicos, lo que modificó sus "nobles" apellidos. Además, en el siglo XIX los cambios en la estructura agraria del país configuraron otra relación en la tenencia de la tierra. Los llamados descendientes de aquellos peninsulares-criollos, en la actualidad, están integrados en la productividad del país desde múltiples posiciones. Algunos de ellos son industriales, socios de bancos, accionistas de empresas multinacionales o, por el contario, se han empobrecido. Estas familias son tan numerosas y tan dispersas que pueden encontrarse entre las mismas, personas de todos los estratos de la sociedad.

En la estratificación guatemalteca existen otros grupos con una capacidad de consumo relativamente alto. Los podemos describir como pudientes. Estos núcleos familiares han obtenido, en muchos casos, su riqueza en base al trabajo arduo y tesonero, utilizando su creatividad e inteligencia. Son personas que han construido pequeñas empresas y en contadas ocasiones las han convertido en grandes consorcios.

En consecuencia, para dilucidar las digresiones que estos intelectuales pregonan, podemos observar los países en donde existe la monarquía. En ese sentido ni los reyes tienen el poder y la riqueza de antes, ni la nobleza se mantiene intacta. Los llamados plebeyos –las élites industriales o banqueras, para enumerar algunas– han ascendido al poder. Hay un cambio evidente en la configuración social. En consecuencia, la nobleza que tan solo hace medio siglo tenía un poder omnímodo, se ha transformado radicalmente. Por tanto, no es posible que estos intelectuales pregonen, como fórmula social de ataque, la concepción colonial de la riqueza.

Para reforzar la anterior tesis sobre otra configuración social de la riqueza en el país, hoy podemos observar zonas tradicionalmente marginales, habitadas por personas supuestamente de bajos ingresos, con construcciones ostentosas, autos nuevos –de marcas exclusivas– y prósperos comercios. Esta dinámica ha generado que las familias en ascenso compren y se diviertan. Una construcción social nueva se hace evidente de manera constante en muchos lugares. Pequeños comerciantes o empresarios que progresan rápidamente y que han crecido a un ritmo acelerado como consecuencia de la era industrial y del incremento en la curva demográfica.

Por tanto, hablar de clases sociales de una forma mecánica o de apellidos de abolengo es un análisis reduccionista, por no decir disfuncional, de la realidad social del país. Algunos intelectuales de izquierda promueven este tipo de discurso para mediar en supuestos conflictos nacionales que devienen en confrontación. Al final, son éstos intelectuales los que salen favorecidos a título personal. El planteamiento de confrontación, de los diversos estratos sociales, no permite realizar una propuesta coherente que apunte a la construcción de una nueva visión del país. Debemos redefinir quienes son los pobres y quienes los ricos a partir de las posibilidades de consumo de cada persona e integrarle la perspectiva simbólica como configuración de su identidad. Compréndase, la relación simbólica, en el sentido de pertenencia a un grupo o la aceptación por parte de un individuo que intenta integrarse dentro de un conglomerado social.

Las diferenciaciones sociales han existido siempre en todas las sociedades y en todas las épocas, desde la prehistoria hasta la actualidad. Con ese parámetro histórico –la diferenciación social– se predice la sociedad del futuro. La aceptación de la premisa de la estratificación social, con los elementos simbólicos que configuran la pertenencia de un individuo más su capacidad de consumo, nos permite analizar de una manera puntual la sociedad en que vivimos.

Con este modelo de la diferenciación social y los nuevos parámetros de la concepción de clase, podemos estudiar el caso de la corona española en sus dominios coloniales. Fue la violencia de la conquista la que configuró una nueva relación social en todo el continente. La estratificación se basó en criterios raciales con un sesgo de discriminación cultural. La relación de dependencia que tuvieron las colonias en concordancia a la monarquía, durante casi 300 años, fomentó una administración de obediencia. Es necesario acotar que la administración colonial se basó en la estructura social prehispánica, de la cual obtuvo cuantiosas ganancias. Nunca se hizo una transferencia tecnológica o industrial. La riqueza colonial se obtuvo de la riqueza social heredada de la estructura prehispánica, una estructura dividida en clases. Por ejemplo, al realizar un análisis comparativo, en el proceso de colonización inglés en Norteamérica existe una transferencia tecnológica e industrial, lo que crea en la actualidad un Estado-nación solvente. Por el contrario, la monarquía española nunca hizo esa transferencia de tecnología y cuando se dio el rompimiento al orden monárquico se crearon Estados-naciones en la América española –sus colonias– con una estructura productiva casi nula. Desde la época colonial, a cada grupo humano le fueron impuestas ciertas obligaciones, en donde unos eran dominados y otros ejercían el poder. Por ende, con esta correlación histórica y, sobre todo, con una infraestructura productiva endeble, se creó un modelo de Estado frágil en su aparato político. Esto ha repercutido, en parte, a nivel de configuración simbólica social en un Estado paternalista como consecuencia de ese proceso histórico. El resultado es un gran número de personas que necesita, hasta el día de hoy, que alguien las dirija y ordene, incluso con cierto sentido de intolerancia, como suele suceder en las agrupaciones religiosas. La masa humana precisa de un redentor o mesías propio. Tenemos, en consecuencia, en muchos sectores sociales, una mentalidad heredada de corte paternalista que poco fomenta la inversión en productividad y la participación política activa.

En ese sentido, debemos comprender que la sociedad prehispánica, así como la actual, es una sociedad divida en estratos sociales. Baste citar, que los antiguos sacerdotes o los gobernantes no cultivaban ellos directamente la tierra, éste grupo tenía maceguales[17], quienes les proporcionaban lo necesario, en tanto, la élite se ocupaba de gobernar. Su trabajo consistía en comprender el calendario solar porque eran sociedades agrícolas. En consecuencia, la configuración colonial deviene de la misma estructura estratificada de las sociedades pre-hispánicas que a su vez se transfiere a la época de la república. En síntesis, tenemos un proceso de larga duración para comprender la configuración actual de la sociedad divida en la que vivimos. La misma se puede explicar desde las estructuras culturales –las religiosas–, las cuales juegan un papel preponderante para que la sociedad guatemalteca permanezca en el atraso o logre dar un salto cualitativo que los encamine hacia el desarrollo sostenible.

La estratificación social ha existido en el proceso histórico de la humanidad, incluso, en los denominados regímenes comunistas o socialistas. La individualidad es algo inherente a cada persona y ésta, al final, configura el ordenamiento de un sistema social, cualquiera que sea. Lo cual exige que nos interrelacionarnos de forma pacífica, sin resentimientos, aprendiendo que la diferencia nos enriquece. Además, hay divisiones técnicas del trabajo que crean esta división social. Existe una clara diferenciación entre personas y grupos dentro de una sociedad, que mantienen un orden para que el sistema funcione de una manera coherente. Las estructuras del proceso cultural de un país las podemos dividir en cuatro áreas importantes para su estudio: estructuras sociales, religiosas, políticas y económicas. En la medida que estas se integran de

---

[17]   Fue la menor clase social prehispánica que se encargaba de hacer los trabajos y construcciones para la civilización. En:
http://www.palabrita.net/index.php?action=viewentry&id=52435 (Consultada noviembre de 2009)

una manera armónica, admiten la construcción de sociedades desarrolladas.

Las estructuras económicas condicionan el nivel de riqueza de una sociedad. La riqueza individual se puede explicar por múltiples circunstancias o se puede analizar en comparación a la capacidad adquisitiva de un individuo con relación a otro; también se puede examinar dadas las condiciones de un momento histórico-político particular. Para ejemplificar las anteriores premisas, el patrimonio del guatemalteco actual proviene de diversas fuentes, entre las que podemos enumerar: a) algunas personas conservan privilegios heredados de sus antepasados en el ejercicio del poder; b) una gran mayoría de los llamados ricos, han obtenido su fortuna en base al trabajo tesonero que realizó su ascendencia o con el esfuerzo propio a través de los años y, finalmente; c) dadas las condiciones histórico-políticas actuales, la riqueza que se genera de la corrupción en el Estado, el contrabando y el narcotráfico. Entonces, tenemos múltiples formas de comprender de dónde proviene la riqueza de las personas.

Sin embargo, en Guatemala –como en otros países– hay grupos de presión social que consideran inadmisible que existan personas a quienes ellos llaman de forma despectiva, "los ricos". Estos grupos enarbolan la bandera por la causa de los llamados campesinos e indígenas, es decir, "los pobres", como forma de presión para realizar protestas, bloqueo de carreteras y marchas en donde claman por la *piñatización*[18] de la riqueza y demandan la implementación de una reforma agraria. Entre los argumentos para la implementación de la reforma agraria destaca que la tierra debe ser de quien la trabaja para lograr la autosuficiencia alimentaria. En consecuencia, si diseñamos un modelo hipotético sobre la

---

[18] Piñatización. Despilfarro y mal uso de los recursos del Estado. Despojo de bienes de unos para dárselo a otros.

repartición de tierras, debemos sustentar tal planteamiento en la igualdad. En ese sentido, cada individuo tiene igualdad jurídica como ciudadano de un Estado, por ende, cada persona tiene los mismos derechos y obligaciones. Al realizar la reforma tendríamos que sustentar la división de la tierra en esa premisa jurídica. Para el caso particular de Guatemala, la población económicamente activa es de 5.6 millones para el año 2010.[19] Si dividimos esta cifra entre el área cultivable del país, que está alrededor de los 39,636 kilómetros^2 le correspondería a cada persona 707.78 mt^2, lo que de hecho es inviable. Una argumentación matemática de carácter lógico que sirve para explicar que cualquier intento de reforma agraria, desde la distribución igualitaria, es inviable. Por lo que la tesis sobre la autosuficiencia alimentaria con el fin de evitar la servidumbre se invalida. La mentalidad de las personas que conforman estos grupos de presión es retrógrada y trasnochada, porque, según ellos, demostrado matemáticamente, cada persona debería tener una maceta para sembrar en ella sus alimentos.[20] Entonces, la premisa de la igualdad, en el ejemplo anterior, no funciona, porque no logra resolver los problemas sociales del país ni solventa la situación de pobreza de las familias. Este supuesto es un planteamiento insostenible, puesto que más personas se suman continuamente a la población económicamente activa PEA, mientras que la disponibilidad de tierra cultivable es estática. Por aparte, se pone en riesgo el balance comercial del país –importación y exportación– que se sostiene gracias a la división del trabajo, la especialización y la competitividad. Esta última argumentación nos permite reforzar la contratesis de una reforma agraria. En ese sentido, en sociedades complejas, como las nuestras, la mayoría de bienes que necesitamos no

---

[19]   Programa Nacional de Competitividad, Pronacom. (2008) Demografía. En: http://www.investinguatemala.org/index.php?option=com_content&task=view&id=13&Itemid=15&lang=espano (Consultada, noviembre de 2009)

[20]   Ricardo Quinto, *La escasez de tierras cultivables frena crecimiento de la agricultura*. (13 de julio 2007). En: http://www.elperiodico.com.gt/es/20070713/actualidad/41586/ (Consultada noviembre 2009)

los podemos producir nosotros mismos. Si queremos una papa o un lugar para vivir, debemos obtenerlo de alguien más.

El planteamiento de la reforma es una mecánica que les sirve a varios dirigentes de los grupos de presión social para cobrar jugosos salarios o prebendas individuales. Estos personajes han encontrado en el engaño la forma de dilapidar los fondos estatales y la ayuda proveniente de los organismos internacionales. Aunque son categorías sociológicas diferentes: los campesinos, los pobres y los indígenas llamados "mayas", en algunos momentos, por la configuración social del país se equiparan. A dichos personajes, algunos oportunistas de izquierda –la disidencia histórica–, les sirve para vender un posible conflicto, mezclando de una manera ingenua o premeditada las categorías enumeradas. Al realizar un análisis con más detenimiento, comprendemos que las estructuras sociales son causantes, en gran medida, del atraso en que se encuentran los países del Istmo. Sin embargo, estos personajes, son quienes mantienen vivo el esquema de la lucha de clases y la conflictividad en el campo; lo que genera sociedades inestables como la actual sociedad guatemalteca. En otras regiones las estructuras productivas permiten un mejor equilibrio dándoles espacio a los individuos para la generación de riqueza y la convivencia pacífica.

Sostenemos que el trabajo honesto es el único medio para acceder al capital, el cual nos permite subsanar las necesidades básicas de alimentación, vestido y vivienda. Una vez cubiertas éstas, los individuos anhelan otros satisfactores menos apremiantes. Entonces, debe ser esperanzador que surjan personas que logren por medio del ingenio y el trabajo digno acumular riquezas. Con los excedentes de riqueza se amplía el mercado. Cuando se incrementa el número de consumidores, se crea una dinámica productiva que es beneficiosa para el crecimiento económico. Es importante evidenciar que la riqueza genera beneficios de interés social. Por ende, es favorable para el país que surjan oportunidades de inversión que creen más y mejores empleos. También es conveniente que existan individuos con alto poder adquisitivo aunque debemos admitir que parte de las estructuras económicas que prevalecen en la actualidad no generan bienestar para todos.

Comprendemos que para sostener un nivel de ingresos satisfactorio se debe trabajar. Muchas personas pierden sus bienes debido a innumerables factores, entre los que destacan las malas inversiones, los vicios personales, los cambios drásticos en la economía local y mundial o la violencia. Para citar un ejemplo clave, una persona que tiene una finca de 10 caballerías (450 Hectáreas.), a quien se le considera pudiente, en el devenir, procrea diez hijos. Al morir el padre –con un sentido de igualdad– deja a cada hijo una decima parte de la propiedad. Entonces, si estas nuevas fincas, 10 veces más pequeñas que la original, son cultivadas eficientemente con productos que tienen demanda en el mercado y, si el propietario logra comercializar los bienes producidos a buen precio, cada uno de los herederos podrá sobrevivir por un tiempo de los frutos de esa tierra. Incluso, podrá enviar a sus hijos a un colegio privado de mediana categoría, enganchar una casa de regular tamaño en un condominio y aspirar a tener uno o dos vehículos para movilizarse con su familia. Si por el contrario, alguno de los herederos adquiere vicios, no posee los conocimientos indispensables para cultivar la tierra, no fertiliza o no logra vender bien sus cosechas, muy pronto se verá endeudado, perderá su patrimonio y se empobrecerá.

Independientemente de la administración de las herencias, la contracción de la frontera agrícola se debe al incremento en la curva demográfica. Para darle sentido a la tesis anterior, consideremos un campesino –indígena o mestizo–, quien tiene una parcela de 10 hectáreas, que procrea los mismos diez hijos. En ese caso, es evidente, que la subdivisión de la tierra es imposible, pues con una parcela de 1 hectárea muy difícilmente encontrará un cultivo o producto que le permita ir más allá del autoconsumo y generar riqueza para la próxima generación.

Siguiendo con los ejemplos, podemos relatar que en muchos pueblos del Istmo le llaman acaudalado a quien tiene una tienda, una librería o un puesto de ropa en el mercado. Sin embargo, un turista europeo, a quien consideramos con un alto poder adquisitivo, podría catalogar a este individuo como pobre sí lo confronta con los recursos que él posee. Pero para sus vecinos en Guatemala es una persona acaudalada, pues disfruta de algunos bienes que la mayoría no posee. Esta relativa riqueza lo puede convertir en blanco de secuestros y extorsiones, con el consabido despojo de sus exiguas pertenencias. En tales circunstancias podría verse obligado a cerrar su pequeño negocio. Esta persona, aparte de correr el riesgo de perder la fuente de sus ingresos, hace entrar en crisis al sistema de mercado por la falta de seguridad.

Partiendo de estos ejemplos, podríamos afirmar que una persona pudiente es aquella que por medio del trabajo propio o de su familia, con un poco de inteligencia, sacrificio y capital ha logrado crear riqueza más allá de la satisfacción de sus necesidades básicas y la conserva eficientemente. Pero hoy en día, dada la violencia y la inseguridad en el país, "nadie sabe para quién trabaja". Por ejemplo, encontramos patronos que invierten a favor de los trabajadores, empleados que colaboran con la productividad de la empresa, inversionistas que proporcionan los recursos y de esta forma todos contribuyen con la producción. Sin embargo, llega un delincuente, secuestra a un empleador, pide un rescate millonario y hace quebrar una empresa. El círculo de violencia comienza, la espiral del crimen en Guatemala parece no tener límite. En ese sentido, las estructuras políticas, y la violencia contribuyen a que más ciudadanos se empobrezcan.

A pesar de la configuración socio-histórica y de las contradicciones actuales, Guatemala es un país pujante en donde se puede generar riqueza con trabajo tesonero e inteligencia. Tal vez, una de las formas más rápidas para forjar capital sea a través del comercio de mercancías. En un sistema económico neoliberal el tamaño del mercado determina la ganancia. Guatemala, con la curva demográfica más alta de Centroamérica, es también uno de los países con mayor actividad comercial: a más gente mayor consumo, a más consumo mayores ventas, por tanto, más ingresos para los comerciantes. Pero si la curva demográfica se vuelve exponencial es lógico que entre en crisis pues no toda la población es capaz de obtener ingresos para consumir. Esa contradicción en el crecimiento demográfico se ha estado resolviendo, por una parte, a través de la violencia.[21] Lo que logra, de alguna manera, cierto equilibrio social.

En el segmento de los comerciantes es donde surgen, con más facilidad, las oportunidades de generar riqueza. Algunos comerciantes, o sus descendientes, pueden tener acceso a una educación de calidad, utilizar tecnología avanzada y mejorar el manejo de información para atender sus negocios. Estas condiciones generan oportunidades de empleo para otros guatemaltecos que, en general, son gente trabajadora, con afán de progreso y muy dados a mejorar sus condiciones de vida. Por esa actitud, los comerciantes han tenido un crecimiento sostenido.

Desde un análisis interdisciplinario comprendemos cómo el auge urbanístico crea condiciones para el crecimiento de la economía. En ese aspecto, podemos observar nuevos centros comerciales, los cuales son construidos con esplendor, lo que incrementa el comercio. Incluso se convierten en centro de recreación, en los que vemos a familias enteras,

---

[21] Instituto Nacional de Estadística, INE. En: http://www.ine.gob.gt/ (Consultada enero de 2010)

grupos de jóvenes y gente de todos los estratos sociales abarrotando los pasillos, comprando todo tipo de productos y servicios que ofrece el mercado. Esta compulsión consumista se debe, por una parte, a la misma capacidad adquisitiva y, por otra, al modelo mediático que impulsa al comprador, con la clara idea de mejorar el estatus en el que se ubica a través del consumo. Parte de este sistema ha entrado en crisis, debido a que las personas tienden a endeudarse más allá de su capacidad de pago. A pesar de ello, el sistema consumista en su conjunto ha sido capaz de generar su propia estabilidad, por lo cual tenemos una economía en crecimiento.

Hacer el análisis de la lucha de clases es un intento vano por descifrar la realidad desde esos modelos acartonados y carentes de sentido lógico. También, como lo hemos descrito, la riqueza se mueve en diferentes estratos y se permea a toda la sociedad. Para expresarlo de manera sencilla, algunas personas acaudaladas pueden mañana perder todo o personas con actitud trabajadora pueden acrecentar sus fortunas. Lo importante, según nuestro criterio, no es la situación actual de la persona en relación a la riqueza, sino la perspectiva para el futuro no solo individual sino también de la sociedad.

Por aparte, están todas aquellas personas que obtienen riqueza desde la violencia, obsérvese narcotraficantes y criminales, quienes se dedican al secuestro, el lavado del dinero, la extorsión y tráfico de estupefacientes entre otras actividades ilícitas. Estas personas han obtenido la riqueza como consecuencia de la falta de seguridad y de la pésima administración del derecho, creando un verdadero caos en las sociedades. Sin embargo, los debemos considerar como una anomalía del sistema, una construcción social organizada desde la criminalidad, pero forman, muy a nuestro pesar, parte de la sociedad e inciden en la economía.

Estos individuos que se han enriquecido ilícitamente también consumen, compran e invierten, generando una demanda inusual de bienes de lujo como mansiones, autos deportivos, joyas y ropa de marca, entre otros satisfactores materiales. La dinámica económica de la riqueza ilegal ha provocado un incremento en las inversiones de bienes inmuebles, levantando construcciones monumentales en complejos habitacionales y centros comerciales creando una riqueza contradictoria en el sistema, Sí estos negocios ilícitos dejasen de existir, las condiciones del mercado variarían drásticamente. En primer término haría quebrar a muchos comerciantes que subsisten vendiendo artículos de lujo. Pero al observar el panorama de una forma más amplia, cientos de obreros de la construcción, empleadas domésticas y otro personal de servicios se quedarían sin empleo. Al final, este tipo de economía de carácter "ilícito" sostiene parte de la productividad de un país, por lo que nos encontramos en una encrucijada social, en un laberinto, en apariencia sin salida.

Los narcotraficantes y los criminales hacen que la economía tenga un auge artificioso, la "economía no observada".[22] Por ejemplo, algunas agroindustrias junto con el sector de la construcción se benefician pero, en esencia, la inseguridad y la competencia desleal hacen que los empresarios no inviertan en el país. Esto provoca una contracción en los mismos sectores, en consecuencia, el enriquecimiento ilícito es una construcción social desde la violencia. Es de dominio popular, que en algunos pueblos del occidente guatemalteco, los narcotraficantes –prácticamente– se han apropiado de la mayor parte del comercio para lavar dinero. Esta rapacidad de los narcotraficantes crea una competencia desleal que hace quebrar a los comerciantes locales. El negocio del

---

[22]   Lorena Álvarez, *Economía Ilegal: el 10 por ciento del PIB.* En: El Periódico (Guatemala, 29 de enero 2010). http://www.elperiodico.com.gt/es/20100129/economia/135272/ (Consultada febrero de 2010)

narcotráfico les permite vender los productos por debajo del valor de mercado. Toda vez que han hecho quebrar a los comerciantes obtienen una suerte de monopolio que, incluso, obliga a la misma población a comprarles solo a ellos. Además, comprendemos que estas personas, quienes obtienen su riqueza a través de la violencia, corrompen las instituciones del Estado. Con el dinero mal habido compran jueces y abogados, por lo que no se les puede seguir un proceso judicial y como resultado quedan libres y continúan delinquiendo. Cuando se han afianzado, con suficiente poder en las localidades, estas personas entran a la dinámica de las elecciones democráticas y, en muchos casos, ocupan cargos públicos. Toda esa relación de poder les permite legitimar, desde el Estado de Derecho, sus acciones ilícitas. Este tipo de economía "no observada" evade impuestos, por lo que no beneficia en términos generales al país. Otro ejemplo importante a destacar es cuando los narcotraficantes compran los hatos ganaderos a un precio alto y lo revenden por debajo del precio de mercado, un problema que se está agudizando. Los pequeños empresarios dedicados a la ganadería están perdiendo la fuente de sus ingresos. Los comerciantes se ven obligados a abandonar pueblos y negocios para no ser víctimas de los delincuentes. Este segmento social, los narcotraficantes, dañan los intereses de quienes no pueden competir en igualdad de condiciones.

Otra forma ilegal de riqueza es la que obtienen aquellas personas que manipulan las compras del Estado, desde el presidente hasta el servidor público del más bajo nivel. El enriquecimiento ilegal –por esa vía– es más fácil de combatir que el narcotráfico. Por medio de las "famosas comisiones"[23] –las cuales se han establecido como norma–, los contratos

---

[23]   Comisión. Cantidad que se cobra por realizar una transacción comercial que corresponde a un porcentaje sobre el importe de la operación. Las comisiones ilegales son las que forman parte de la corrupción estatal o privada, en la cual los empleados o funcionarios cobran porcentajes por la adjudicación de obras o por compras a proveedores.

con el Estado se sobrevaloran o se licitan varias veces. Se eroga dinero de las arcas nacionales pero las obras en cuestión no se ejecutan porque ciertas personas se apropian de ese dinero. También el contrabando de mercancías en las aduanas es otra forma ilícita de enriquecimiento. Con el contrabando, el Estado deja de percibir impuestos que podrían invertirse en obras sociales y en infraestructura. Una actitud criminal se crea en las personas que desean la obtención de la riqueza de una manera fácil y rápida, ya sea por el contrabando, el narcotráfico o la corrupción en el Estado.

La riqueza en Guatemala confluye del trabajo que generan los guatemaltecos honrados y la que se obtiene a través de la violencia. El país cuenta con una economía dinámica y con el más alto índice de crecimiento del Istmo, pese a las contradicciones que hemos enumerado.

La creencia de que las personas pudientes son unos señores a quienes podemos encontrar en un yate todos los fines de semana, atendidos por sirvientes, disfrutando de comidas exóticas, rodeados de lujos y comodidades, está muy alejada de la realidad, es tener una idea sesgada al estilo mediático del mundo. Por el contrario, hay quienes obtienen riqueza de una manera honrada, trabajan arduamente y se esfuerzan cada día por ganar lo suficiente para mantener a flote sus empresas. El trabajo les asegura algunas comodidades a su familia y un futuro más estable a sus descendientes.

Entonces nos surgen algunas preguntas, ¿Cómo gastan los empresarios sus pequeñas o grandes fortunas? Hay quienes —de manera inteligente— reinvierten una buena parte de su capital para mejorar los controles de sus empresas. Compran maquinaria y contratan personal capacitado para hacerlas más productivas o realizan nuevas inversiones. El dinero ganado no es acaparado o guardado ilusoriamente en una caja fuerte, sino es puesto a circular, repartiendo y creando nueva riqueza. Sucede lo mismo cuando quienes tienen poder adquisitivo adquieren artículos en los centros comerciales, van al cine, compran un auto o construyen una casa. Un segmento de los empresarios reinvierte en bienes y servicios, sin embargo, al comprender la dinámica social de la productividad, quienes se ven imbuidos en ésta son los empleados, vendedores, albañiles, intermediarios, comerciantes y todos los estratos sociales que coparticipan con su trabajo en la creación de la riqueza.

Por todo lo expuesto, es inaceptable que algunos oportunistas – personajes especialistas en crear conflictos– con sus ideas obtusas de repartir los bienes de otros, vendan el discurso decimonónico de la diferencia de clases. Se refieren a las personas con capacidad adquisitiva como los "dueños de Guatemala" y de forma peyorativa les llaman *oligarcas*[24]. En un escenario hipotético, sí esas ideas absurdas se concretaran y se confiscaran los bienes y las fortunas de las personas para luego repartirlas, este dinero apenas alcanzaría para financiar la construcción de unas pocas escuelas o algunos kilómetros de carretera asfaltada. Muy pronto el dinero se esfumaría, probablemente en manos de burócratas corruptos, en superfluos estudios de factibilidad, pero, sobre todo, en manos de los políticos con ambición electorera. Los empresarios, despojados de sus bienes, no estarían en capacidad de generar empleos ni pagar impuestos sobre sus ganancias por lo cual el Estado se quedaría sin ingresos. Ningún problema puede ser resuelto por este método de distribución. El resultado más probable es un aumento del déficit fiscal y el riesgo de una paralización del Estado que puede desembocar en más pobreza y en una peligrosa agitación social en cualquier país.

---

[24] Oligarquía. Forma de gobierno en la que el poder supremo está en manos de unas pocas personas. Los escritores políticos de la antigua Grecia emplearon el término para designar la forma degenerada y negativa de aristocracia que ejerce el poder real. En: http://es.wikipedia.org/wiki/Oligarqu%C3%ADa (Consultada noviembre de 2009)

La historia nos demuestra que todos los esfuerzos que han hecho los gobiernos totalitarios por repartir la riqueza han sido infructuosos. Su único logro parece ser la eficiencia en pasar la riqueza de unos a otros. Esos otros casi siempre resultan ser los miembros del partido gobernante, los nuevos burócratas. Entonces, la riqueza se genera no se reparte. Lo que hacemos al quitarles a unos para darles a otros es simplemente repartir pobreza en todos los niveles e inhibir en el individuo una parte fundamental de su ser: el deseo de superación, su afán de crear y de desarrollarse para vivir mejor.

Hace algunos años un analista financiero, quien trabajaba para una empresa mexicana abriendo sucursales en Centroamérica se quedó impresionado por las condiciones favorables que encontró en Guatemala. Pues, según su experiencia, nuestro país era el único en la región Centroamericana con una masa de empresarios locales capaces de generar empleo de diferentes niveles. El consultor, haciendo un análisis comparativo de las diferencias con los otros países del Istmo, expresaba que en Costa Rica los mayores generadores de empleo son las empresas transnacionales y recientemente algunas cooperativas; en El Salvador las cuantiosas remesas incentivan el comercio mediante el consumo, sin que se incremente la productividad de la industria y las exportaciones; Honduras, con sus maquilas y pequeñas industrias, no tiene una masa de empresarios capaz de generar suficiente riqueza; y Nicaragua con una economía de subsistencia sumada a un ambiente de inestabilidad política no tiene una economía firme. Si todos somos pobres o asalariados – comentaba–, ¿quién nos da trabajo? Seguramente tendríamos que pedirle a las compañías internacionales que nos contraten, en cuyo caso, sólo exportamos nuestra mano de obra barata, no nuestros productos, como tampoco generamos riqueza localmente.

La experiencia nos ha demostrado que cualquier empresario pudiente, denominado rico puede, de la noche a la mañana, perder su riqueza, pero no cualquier pobre puede hacerse rico de forma tan acelerada. Para obtener riqueza se precisa de un proceso largo de aprendizaje, acceso a créditos en condiciones favorables, capital financiero, pero, sobre todo, capital humano para hacer funcionar una empresa. Además, se requiere de años de experiencia y de trabajo tesonero y constante entre otras variables. En casos muy aleatorios, a veces sucede, que con un golpe de suerte una persona puede obtener capital de trabajo y acelerar el proceso. Por ejemplo, alguien puede ganar la lotería o descubrir la cura para una enfermedad, pero la norma es que para obtener riqueza se necesita de una actitud perseverante en el trabajo. Entonces es más fácil volverse pobre que volverse rico.

Generalmente percibimos de una manera errónea a las personas con riqueza. Mezclamos a empresarios con comerciantes de todo tipo y tamaño, pensamos en ejecutivos que prestan sus servicios en cargos altos o medios en las empresas trasnacionales o las locales; algunas veces nos referimos al empleado o al artesano que, mes a mes, paga con dificultad las letras del carro y de la casa. En casos de una sobrevaloración por su apariencia, le llamamos "rico" a cualquiera que lleve un celular moderno o ropa de marca. Un empresario o empleado de éxito se mantiene solvente y en crecimiento sí continúa inventando nuevas formas de ampliar sus empresas o poniendo toda su energía en la producción eficiente del lugar para el que trabaja. Entonces, puede mantener una capacidad alta de consumo, por lo que se le puede denominar "rico", pero para lograrlo, necesita invertir su tiempo en ello, analizar las variables del mercado, mantener una estrategia de ahorro y sobre todo mantenerse atento a los cambios drásticos en las condiciones sociales, económicas y políticas que pueden crear inestabilidad en los mercados.

La actual crisis provocada por la burbuja inmobiliaria, ha dejado a millones de individuos en extrema pobreza. Muchas personas pudientes lo han perdido todo. Algunas empresas no van a subsistir y sus empleados quedarán cesantes, causando pérdidas entre el sector comercial e industrial. Este colapso, que casi llega a niveles de depresión, tiene que dejarnos muchas lecciones, la más importante, sin lugar a dudas, es que no podemos vivir en la ignorancia con respecto de las condiciones internacionales. Nuestro destino como país, está vinculado –de una manera irrefutable– a la economía mundial. En consecuencia, todos los estratos de nuestra sociedad tienen una articulación que a su vez se complementa con la economía internacional. Advertimos que cuando una persona con capital compra e invierte su dinero, genera trabajo para profesionales, obreros y otros empresarios. Cuando el obrero gasta su salario en comida y bienes de consumo articula toda la economía.

Es innegable que no todos las personas con capital tienen sensibilidad social. Hay testimonios de abuso contra los empleados, ejemplos de maltrato y de explotación. Lamentablemente ese tipo de situaciones existen en Guatemala y otras regiones del mundo. Pero no debemos generalizar esta condición a todos los empleadores. Existe una nueva generación de empresarios que tiene otra actitud, en consecuencia no se debe condenar a todos los patronos por los errores de algunos. La gran mayoría de empresarios y terratenientes de hoy son mestizos e indígenas a quienes les ha costado trabajo y tiempo llegar a obtener sus riquezas. De esa cuenta, se aprecian en el altiplano guatemalteco y otras regiones del país, casas de lujo con finos acabados, comercios muy bien plantados y mega construcciones. Mucho de este auge en la construcción, se debe a las "remesas" que envían los migrantes a sus familias. Las personas mejor preparadas han invertido el dinero en comercios, mientras que otros lo han malgastado. Pero podemos afirmar, pese a las contradicciones, que el país ha tenido un crecimiento sostenido, el cual nos da la oportunidad de poder seguir produciendo.

Como hemos analizado, la riqueza se explica en relación a las pautas de consumo y, en parte, por la perspectiva simbólica, según la cual cada persona asume una identidad de acuerdo a su concepción de bienestar. Se refuerza la tesis que la riqueza es relativa y los métodos de obtención varían. Al realizar el análisis de la estratificación, por consumo, podemos comprobar, por una parte, la fortaleza del mercado y, por otra, el crecimiento del mismo. Desde la perspectiva individual la prosperidad depende del grado de satisfacción según las metas de cada individuo. Una persona puede sentirse plena y realizada sin necesidad de poseer bienes materiales en exceso, pues antepone la espiritualidad según su concepción de todo aquello que le proporcione mayor felicidad y bienestar. En ese juego de pobreza y riqueza existe un balance que hace posible la sobrevivencia, en donde todos nos complementamos y necesitamos unos de otros. El mayor reto consiste, desde nuestra posición, en fomentar el equilibrio.

Capítulo III

Los pobres

La pobreza la definimos como la falta de elementos que permiten satisfacer las necesidades básicas de un individuo. Por una parte, estas carencias pueden ser de índole material como la alimentación, la vivienda, el vestuario y la salud o bien, las necesidades no materiales tales como la educación, las expresiones artísticas, la autorrealización y la libertad para citar algunas características. Sin embargo, la pobreza –al igual que la riqueza– se debe analizar por diferentes niveles. Las de índole material, como las que hemos expresado, y los elementos subjetivos de cada individuo de acuerdo a su propia percepción del mundo. Entonces, debemos determinar quiénes son los pobres en Guatemala y de otras regiones para, comprender, con estos referentes, por qué algunas personas se autonombran pobres sin serlo. La percepción de pobreza crea una cultura de sumisión que le hace daño a cualquier país. Fomenta la subsidiaridad del Estado la cual, bajo coacción de los grupos de presión y la corrupción imperante de los mismos servidores públicos, invierte recursos importantes en programas que poco benefician a los sectores más vulnerables.

Los programas asistencialistas drenan recursos de las arcas nacionales en detrimento de inversiones en infraestructura y servicios. Una administración pública adecuada puede contribuir a mejorar las condiciones de vida de los ciudadanos generando empleo. Para citar un ejemplo, el programa de transferencias monetarias condicionada -TMC, denominado "Mi Familia Progresa"[25] es una forma de corrupción con

---

[25] El programa "Mi Familia Progresa" creado bajo la administración del presidente Álvaro Colom, tiene como efectos colaterales, no medidos, que la curva demográfica se incremente, en cuanto hay más mujeres embarazadas debido a la obtención inmediata de los Q300.00 que otorga por cada hijo. Además, según testimonio de varias mujeres, la violencia doméstica ha crecido como consecuencia de la conducta patriarcal, porque los esposos obligan a las mujeres

actitud electorera. Dicho programa, consiste en entregar dinero a los padres para que, supuestamente, envíen a sus hijos a la escuela y reciban cuidados preventivos en los centros de salud. Sin embargo, el gobierno para agenciarse los fondos para este programa, ha desviado recursos de otros ministerios. Además, ha descuidado programas más eficientes que llegaban directamente a los infantes y eran un incentivo para que los estudiantes asistieran regularmente a la escuela. Programas como el "Vaso de Leche"[26] y el "Desayuno Escolar"[27] los cuales fueron más efectivos y que, incluso, se han implementado por mucho tiempo en países desarrollados, fueron suprimidos por la actual administración.[28] En estos programas, los padres participaban en el proceso de elaboración de los alimentos, involucrándose de una manera tangencial en la educación de los hijos. La finalidad de estas políticas es complementar la dieta de los escolares, lo que resulta en un mejoramiento del peso y talla así como una mayor resistencia a las enfermedades, es decir la salud preventiva.

La alimentación debe tener un balance de nutrientes para que el ser humano alcance un nivel apropiado de desarrollo físico y mental. Mientras un segmento de la población no tenga acceso a una alimentación balanceada, sea por su situación económica o por sus pautas culturales, tendremos poblaciones desnutridas. Serán personas con poca capacidad intelectual o física que fomenten el subdesarrollo de los países. En Guatemala la dieta básica en las zonas rurales y zonas marginales de las urbes se circunscribe al consumo de maíz, frijol y café. Una dieta deficiente incide negativamente en la capacidad laboral y el rendimiento

---

a entregar el dinero para darle otros usos y no para la inversión que determina el programa en cuestión, los hijos.

[26] Federación Panamericana de Lechería, FEPALE. En: http://www.infoleche.com/Leche_escolar/GuatemalayelVasodeLecheEscolar.pdf (Consultada Enero de 2010)

[27] En: http://guatemala.nutrinet.org/areas-tematicas/alimentacion-escolar/casos-exitosos/201-historia-de-la-alimentacion-escolar-en-guatemala (Consultada enero de 2010)

[28] Gobierno constitucional de la República de Guatemala 2008-2012

escolar. También contribuye a que esta población sufra de más enfermedades. Los indígenas guatemaltecos se encuentran condicionados culturalmente por estas pautas de consumo. La tradición les transfiere ciertos patrones alimentarios que no son los más apropiados para complementar la dieta. Muchas personas, sin importar su capacidad de pago o el acceso a una mayor variedad de alimentos, se conforman con consumir lo que su paladar les exige y terminan alimentándose deficientemente.

Partiendo de la interrelación primaria –elementos subjetivos y materiales en la definición de la pobreza–, se puede comparar la situación de una persona con respecto a otra. Por ejemplo, un individuo puede tener una vivienda digna, la cual está dotada de agua potable, con sistema de drenajes y manejo de desechos sólidos apropiado. En contraposición con un sujeto que posee una vivienda en donde se filtra el agua, no tiene drenajes y está ubicada en un lugar de riesgo, sin embargo, ambas personas se conciben como pobres. Existe, en consecuencia, ese elemento subjetivo en la percepción de sí mismo sobre la definición de la pobreza, por lo que se hace necesario sostener una discusión con nuevas visiones para intentar interpretar o explicar a este sujeto social –el pobre–, más allá de su posicionamiento de clase desde el ámbito puramente mercantilista.

En este capítulo se establece un nuevo modelo social que nos permite comprender, de manera más amplia, las características de la población marginal. Se debe plantear la siguiente pregunta, ¿por qué vive en pobreza y pobreza extrema cierta parte de la población? Para darle una posible explicación a este cuestionamiento, debemos construir nuevos paradigmas que amplíen o nieguen la concepción parcial de la lucha de clases y la colonización. Se deben crear nuevos criterios en las ciencias sociales y dejar de utilizar como arma de agitación social los usuales términos de exclusión, inequidad o marginación, repensando nuevas tesis para explicar la pobreza. Teniendo, forzosamente, que cambiar los esquemas ideológicos que reducen el análisis del proceso social a una limitada confrontación entre los diversos grupos que conforman una sociedad. Estos esquemas de análisis, según nuestro criterio, tienen su complementariedad en diversas estructuras políticas, ideológicas, artísticas y demás, las cuales tienen que ver con la totalidad de un sistema socioeconómico.

Se utiliza el término estructural cuando se trata de señalar un problema cualquiera que incide en el conjunto social. Entonces, para el caso guatemalteco podemos deducir que tenemos una *pobreza estructural*.[29] Este análisis contribuye a evidenciar cuales son las posibles causas empobrecedoras, más allá de la concepción tradicional de ricos contra pobres. En primer término, cada ser humano nace con un bagaje cultural que lo determina como individuo *a priori*, el cual puede modificarse según su capacidad intelectual y las condiciones de su entorno. Estas construcciones culturales condicionan el comportamiento. El mismo parte de las costumbres, las tradiciones o los conocimientos adquiridos durante la infancia que, en su mayoría, se originan de nuestros padres, educadores o líderes religiosos. En síntesis, éstas características culturales y otros aspectos socioeconómicos han fomentado la pobreza estructural que predomina en la sociedad guatemalteca.

De las relaciones del poder político y de las estructuras sociales deviene una pobreza que se hace evidente por la falta de acción, el tortuguismo, la indiferencia o la ambición desmedida de algunos políticos. Esta actitud rapaz de la *casta política* está determinada por el grado de corrupción que crea, en parte, la pobreza estructural. Dicha pobreza no puede ser erradicada si no se reestructura el sistema en su conjunto. Este cambio

---

[29] Mauricio Esteban Muñoz, *La pobreza estructural y la desigualdad social*. (2008). En: http://paraleerantesdedormir.blogspot.com/2008/03/pobreza-estructural-y-desigualdad.html (Consultada Febrero de 2010)

pasa por una reforma en el sistema político, teniendo como elemento esencial un cambio en el comportamiento de los individuos. También por la reeducación de toda una generación de adultos, quienes arrastran ideologías obtusas. Entonces, se deben cambiar las pautas ideológicas enraizadas en la estructura política y las condiciones que provocan el empobrecimiento.

Es importante, en este nuevo modelo, redefinir al pobre. En las concepciones clásicas se considera pobre –desde un punto de vista socioeconómico– al asalariado de bajos ingresos, quien puede ser un obrero o trabajador del campo o todas aquellas personas que carecen de trabajo. Partiendo de esta segmentación teórica, muy utilizada en los discursos de los grupos radicales, tenemos errores de apreciación. En tanto, se asume que todo campesino, indígena y obrero, en relación de dependencia, es pobre. Lo mismo sucede con los segmentos pudientes de la estratificación social, es decir, hay una tendencia a definir la posición del individuo únicamente por su actividad económica. Las generalizaciones teóricas crean categorías que limitan el análisis de la pobreza.

Para poder definir a una persona o núcleo familiar como pobre debemos hacerlo desde un contexto amplio. Su condición económica frente a los demás es un criterio. Además, este análisis mercantil no clarifica de una manera amplia la verdadera situación de cada individuo. Al hacer el estudio de la pobreza desde esta nueva perspectiva, se deben considerar otras variables; para el caso particular de Guatemala: indígenas que no son pobres, indígenas que no son campesinos, campesinos que no son pobres, obreros que poseen bienes, asalariados con otros ingresos que les permiten acumular riqueza. Una amplia gama de segmentos sociales con las cuales no se pueden hacer generalizaciones adecuadas. Los criterios reduccionistas como los ingresos, la riqueza acumulada o la diferenciación racial únicamente sirven de sustento o bandera a los grupos de presión para defender intereses sectarios.

Desde esa percepción del individuo, cada persona, dependiendo del grado de bienestar y calidad de vida que desee alcanzar, pondrá mayor empeño para lograr sus objetivos. Pero cada sujeto tendrá que pagar un precio de intercambio; éste se puede medir en términos de dinero, tiempo o salud. El ser humano necesita trabajar para obtener los medios que le permitan satisfacer sus necesidades. Todo proyecto o actividad económica que emprendemos nos obliga al sacrificio en horas de trabajo. El objetivo, de este sacrificio, es la obtención de bienes y capital que nos permiten una vida estable y plena. El trabajo ejerce una influencia en nuestra calidad de vida pero sin el esfuerzo de realizarlo es prácticamente imposible la sobrevivencia. La calidad de nuestra actividad laboral determina el nivel de bienestar.

Como ejercicio teórico, podemos comparar el grado de riqueza o pobreza de un individuo con relación a otro para medir su calidad de vida. Por ejemplo, podemos comparar a un vaquero a quien le agrada su trabajo, que consiste en levantarse temprano y ordeñar unas vacas. Este vaquero después del desayuno descansa un poco, luego sale con su caballo a ver los potreros. En esa rutina, si es necesario arreglar una cerca lo hace; después, regresa a su casa para almorzar. Por la tarde, si no tiene que recoger leña, se acuesta en una hamaca a dormir la siesta. No invierte tiempo o dinero en arreglar la casa que habita, ya que, generalmente, esa obligación es del patrón. Tampoco invierte en herramientas ni paga por los servicios básicos pues tiene la leña asegurada y otros insumos de casa. Además, si mantiene un buen comportamiento, también su trabajo está asegurado. Como contraposición, el ejecutivo de una compañía internacional se levanta, se ducha, se pone el traje, casi no desayuna – pues no hay tiempo–, su teléfono móvil suena todo el día, tiene un jefe que le llama la atención y le grita cuando puede. Además, si no es eficiente en su trabajo o a la empresa le va mal lo despiden. Por aparte, necesita de un auto para desplazarse. Al final del mes tiene que cumplir con los gastos de la casa –la hipoteca o el alquiler–, la cuota del auto, la cuenta de teléfono, el agua, la electricidad, el cable de TV y la Internet, todo sale de su salario. Algunos fines de semana, cuando no trabaja, asiste con sus hijos al fútbol, al cine o a comer y se gasta otra parte de su sueldo. Si pierde el empleo, las dificultades económicas lo pueden llevar a endeudarse con la tarjeta de crédito y caer en la ruina económica. Las preguntas que surgen con los ejemplos expuestos son: ¿Quién de ellos vive mejor? ¿Quién tiene menos preocupaciones? ¿Quién tiene probabilidades de vivir más años? ¿Quién tiene más perspectivas de mejorar su situación futura?

Un ejemplo típico en las áreas rurales es cuando el padre de un núcleo familiar siembra su parcela con maíz o frijol, levanta una cosecha anual, reserva una parte para su consumo y el excedente lo vende en la plaza, lo que, eventualmente, le permite tener ingresos para adquirir otros bienes. Tiene varios hijos quienes le ayudan en la siembra de su parcela. También cuidan un pequeño rebaño de ovejas y poseen algunas gallinas. Seguramente, no todos los hijos de este matrimonio podrán asistir a la escuela porque viven alejados de la aldea o pueblo más cercano. Esta es una familia que tiene tierra para cultivar, son microempresarios, ya que no trabajan en relación de dependencia. Además, poseen su propio negocio en casa, fabrican algunas artesanías. Sin embargo, esta familia es pobre debido a sus condiciones de vida, tienen una vivienda sin servicios básicos, un vestuario raído, dificultad de acceso a la educación y servicios de salud; elementos indispensables para una vida digna. Las mujeres y niños de estas familias son quienes nos saludan los fines de semana en las carreteras del altiplano guatemalteco. Se instalan al lado de la autopista junto a su botella plástica de agua gaseosa, la que se hace necesaria por la deshidratación que sufren luego de largas horas bajo el sol. Esperan la limosna de algún turista que quiera tomarse una foto con ellos. Todos los fines de semana es el mismo ritual, bajan de los caseríos en las montañas y se instalan a orillas de la autopista para luego regresar a sus hogares por la tarde, muchas veces, sin las apetecidas monedas que les servirían para mitigar el hambre. Sus rostros evidencian la pobreza que se da por la corrupción y el despilfarro del Estado, el cual se fomenta por la falta de educación, la falta de oportunidades y el machismo, entre otros factores. Todo lo anterior crea la pobreza estructural.

Hemos descrito a un campesino con tierra para cultivar. Sin embargo, esta ventaja no le asegura la subsistencia pues siempre estará sujeto a innumerables situaciones que pueden alejarlo de la riqueza como los cambios climáticos, la calidad de los insumos, las semillas y las condiciones favorables o desfavorables del mercado. En el mejor de los casos, el agricultor puede estar a salvo por un tiempo, pero no puede asegurar con certeza que todos los años o todas las cosechas van a ser exitosas. Si las fuentes de ingresos del campesino se ven afectadas, su vida y la de su familia corren peligro. Estas personas generalmente no tienen otra alternativa, no saben otros oficios, no tienen educación, ni han adquirido habilidades que les permitan competir por un empleo. Si seguimos escuchando a quienes claman por la repartición de tierras podríamos correr el riesgo de tener a miles de campesinos con tierra y con hambre. Las condiciones geológicas y climáticas tienden a deteriorar la calidad de vida de las familias rurales con una prole muy numerosa.

Es innegable que existen grupos más susceptibles de permanecer sumidos en la miseria, debido a condiciones especiales, tal el caso de las personas que padecen enfermedades mentales o físicas que les impiden trabajar[30]. Sí además estas personas provienen de hogares sin recursos,

---

[30] Guatemala para el año 2005 contaba con un 3.7% de su población con alguna discapacidad. Actualmente se calcula que existen un millón de guatemaltecos discapacitados

con dificultades en el acceso a la atención médica o con empleos que les generan pocos ingresos, es obvio que tarde o temprano van a necesitar del Estado para poder sobrevivir en forma digna. Los campesinos sin empleo, sin educación, con una familia numerosa que mantener y sin recursos para salir por sí mismos de la extrema pobreza también se encuentran en desventaja para acceder a cierto grado mínimo de bienestar. El origen de estas numerosas familias resulta, en mayor o menor grado, del machismo ancestral y de la ignorancia. Muchos jefes del hogar no admiten que sus esposas e hijas estudien o trabajen fuera de casa, no les autorizan a realizar labores empresariales que pueden permitirles obtener ingresos para ayudarles a paliar el hambre. Por ende, el jefe de familia carga con todos los gastos, una hazaña casi imposible en estos tiempos, en los que las crisis financieras mundiales se suceden una tras otra provocando la carestía de los bienes. El deterioro de las economías vulnerables es aún mayor por los cambios climáticos y los provocados por la actitud humana frente a la naturaleza. Estos desastres, como la contaminación a gran escala, están originando focos de hambruna y desnutrición en muchos países.

El desconocimiento sobre métodos de planificación familiar sumado a la falta de recursos para promover la salud reproductiva y la cultura patriarcal[31] –sumisión de la mujer– pero, sobre todo, la falta de políticas públicas para atenuar el crecimiento demográfico, determinan que el segmento de personas con menos recursos se incremente de manera acelerada. En cambio, las personas con poder adquisitivo tienen acceso a métodos modernos y prácticos de planificación familiar, lo que les permite regular su descendencia. Lo anterior, una familia planificada, les da

---

[31] Patriarcal. Es un concepto que se utiliza para definir una ideología que, por medio de estructuras socio-políticas, mantiene y reproduce la opresión y la discriminación de las mujeres. En: http://www.slideshare.net/tutraconcu/concepto-genero-presentation (Consultada febrero de 2010)

opciones para mejorar sus posibilidades de sobrevivencia y obtener recursos excedentes, es decir, acumular riqueza. Por tanto, una buena política para combatir la desigualdad puede ser la información, los medios y los recursos para que este segmento de la población pueda planificar. Ésta acción –la planificación familiar– puede mejorar la situación social del país, al no una tener una curva demográfica que entre en crisis con la economía y que termine resolviéndose por la violencia.

Una sobrepoblación en el área rural crea desbalance económico en las estructuras existentes. Cuando la tierra se cultiva de manera inapropiada se agota, además, los habitantes contaminan el agua con desechos sólidos y químicos –detergentes– por lo que este recurso esencial escasea, además, las montañas al ser deforestadas, se erosionan. Toda esta acción humana hace que la economía de subsistencia entre en crisis. Los campesinos no pueden continuar viviendo en un rancho de paja, sin luz, sin agua, sin educación. La falta de servicios públicos, el hambre y la falta de empleos hace que surjan focos de violencia. Algunos de estos individuos se convierten en mareros, criminales y ladronzuelos, quienes mantienen a las poblaciones bajo acecho. Como una reacción social, dada la ausencia del sistema de justicia, los pobladores –padres e hijos– se arman para proteger sus bienes y constantemente se producen linchamientos. Este comportamiento social tiene, en ocasiones, sustento en el derecho consuetudinario, por lo que estas pautas culturales, ejercen presión negativa en el ordenamiento jurídico del Estado.

Sin mayores perspectivas de vida las adolescentes empiezan a procrear cada vez más jóvenes. Esta población juvenil no está apta emocionalmente para asumir el compromiso de la paternidad. Además, físicamente muchas mujeres no se han desarrollado por completo. No están debidamente preparadas para la reproducción. En consecuencia, los recién nacidos son cada vez más débiles, enfermos y desnutridos. Las madres, en período de lactancia, se embarazan nuevamente provocando una reacción en cadena que deriva en muerte por inanición de los recién nacidos. Los niños que logran sobrevivir, con bastante frecuencia, no asisten a la escuela. Cuando llegan a la adolescencia algunos dejan sus comunidades en busca de trabajo, tarea nada fácil para personas poco preparadas en un mercado laboral cada vez más exigente.

¿Es posible seguir sustentando ese modo de vida rural? ¿Qué futuro les espera a los hijos de los campesinos que se quedan a cuidar la parcela? Unos emigran en busca de mejores oportunidades a los Estados Unidos en donde existe una oferta de empleo marginal, sin las prestaciones de ley. Los jóvenes que llegan a las urbes, en el mejor de los casos, trabajan en la economía informal. Otros pasan a engrosar las filas de la delincuencia. Algunos emigrados logran mejorar sus condiciones de vida por medio del trabajo arduo y el ahorro y, con el tiempo, le ganan el pulso a la pobreza.

Las parejas no planifican porque sienten temor a lo desconocido o tienen ideas equivocadas sobre los efectos secundarios de los métodos anticonceptivos. Tampoco conocen el funcionamiento de éstos o no confían en los médicos. Otros temen ser objeto de burlas y señalamientos por parte de familiares, vecinos o autoridades religiosas. Las parejas de escasos recursos no pueden sufragar los gastos de transporte ni comprar medicamentos. En el modelo de conducta patriarcal, es común que a las mujeres se les inculque que su función social es procrear hijos y servir a sus esposos. La perspectiva de algunos campesinos con familias numerosas es tener, en el futuro, suficientes manos para trabajar la tierra, recoger leña y acarrear agua del río. Sin embargo, muchos pobladores del área rural se han percatado que sus hijos, al llegar a la edad adulta, prefieren abandonar sus lugares de origen. Los ancianos quedan desprotegidos. La mayoría no cuentan con un seguro de vida, un seguro médico o un fondo de pensión para sobrellevar la vejez.

El círculo de la pobreza se agudiza más debido a la delincuencia, que se ha visto desbordada por las turbas de migrantes que se desplazan del campo a la ciudad. En esa línea, los puestos de trabajo escasean y el sector productivo –comercio, industria o servicios–, no puede absorber a esa masa de emigrados dentro de sus estructuras. Los recién llegados no encuentran medios de sobrevivencia dignos, razón por la cual, el número de delincuentes, mareros y sicarios se incrementa. Mientras tanto, el país se desestabiliza cada vez más por la falta de certeza jurídica y de seguridad. Los empresarios nacionales o extranjeros no pueden invertir ni crear oportunidades de empleo en la misma proporción que el crecimiento poblacional.

El contrabando y la evasión fiscal también provocan empobrecimiento debido a la competencia desleal. Por ejemplo, hay casos en que vendedores ambulantes, que se dicen "pobres" –por convenir a sus intereses–, poseen varios puestos de venta que son atendidos por el clan familiar. Estos negocios compiten con los comercios formales en condiciones de desventaja. Los comerciantes formales están obligados a pagar salarios, prestaciones, impuestos, renta y servicios, mientras que los vendedores informales ven crecer sus negocios porque se abastecen del contrabando. Además, no pagan impuestos ni servicios, lo que les permite vender más barato. La competencia desleal derivada de la corrupción y de la informalidad crea distorsiones en la economía.

En la actualidad hay una actitud de rapiña entre hermanos, quienes se disputan la misma tierra o los mismos empleos. Existe, entre individuos del mismo gremio una actitud de competencia desleal por cuanto compiten por los mismos clientes y los recursos. Los conflictos entre pobladores de comunidades vecinas surgen por el uso de un nacimiento de agua o un riachuelo, el cual se hace insuficiente para regar cultivos y abastecer del servicio a una creciente población. Por tanto, se vislumbran pocas probabilidades para que los habitantes del área rural tengan igual o mejor calidad de vida que sus antepasados dada la escasez de recursos, la mala la gestión ambiental y el incremento en la curva poblacional. Estos niños están creciendo sin suficiente alimento, sin educación de calidad y, a su vez, se convierten en portadores y reproductores de los parámetros culturales de sus padres, los cuales transmiten a la próxima generación.

Cada niño que nace pobre y crece en la ignorancia, eventualmente, compite por un puesto de trabajo en condiciones miserables. La necesidad de trabajo es inmensa, mientras que la oferta de empleo es menor. Los jóvenes desprovistos de ingresos venden su fuerza laboral por menos de lo que requieren para su sobrevivencia. El trabajo se convierte en un producto más que se rige, como otros, por las leyes de la oferta y la demanda. Los hijos nacidos de la irresponsabilidad, paterna y materna, terminan por engrosar las filas de desempleados o pasan a formar parte de la mano de obra no calificada. Uno de los indicadores clave para anunciar las crisis se evidencia cuando la tasa de natalidad supera los índices del Producto Interno Bruto de un país. Esta correlación significa que: no hay plazas de trabajo para todos y todas, ni condiciones en el mercado para crear empresas que generen empleos de calidad para la juventud.

Hoy en día, los empresarios que desean mejorar la productividad contratan mano de obra calificada. Algunos grandes empresarios han creado fundaciones u otras instancias por medio de las cuales se proponen reforzar la educación, la salud y la alimentación infantil. Todo ello, con el objetivo claro de contribuir con la capacitación de una nueva generación de trabajadores. Hoy los empleadores requieren personas con habilidades especiales; los constructores solicitan maestros de obra y albañiles que puedan leer planos e interpretar diseños; los comerciantes, empleados que sepan leer, escribir y llevar registros contables; las empleadas domésticas deben poseer una educación mínima para poder contestar el teléfono, utilizar el microondas o leer recetas de cocina. Las personas que poseen más conocimientos reciben mejores salarios, mientras que las analfabetas deben conformarse con puestos que demandan menos conocimientos y mayor esfuerzo físico. Estos son quienes perciben los salarios más bajos.

En tanto que la cultura patriarcal –en Guatemala como en otros países– siga engendrando hijos a diestra y siniestra, que las mujeres sigan pariendo niños sin tener los recursos para alimentarlos ni los conocimientos mínimos para educarlos, se seguirá incrementando el número de pobres, desnutridos, indigentes, mareros y criminales. En ese sentido, el campesino mestizo ha sido más receptivo en cuanto la necesidad de educarse. El campesino indígena, por decisión propia o por imposición del sistema de valores, ha sido más proclive a conservar sus costumbres, tradiciones y forma de vida. En muchas ocasiones, son reacios a fusionarse culturalmente con el entorno, por eso han permanecido, por más tiempo, con sus arquetipos culturales que los arrastran a soportar condiciones de vida rezagadas. Ahora por al proceso de globalización, las comunidades indígenas se han visto obligadas a salir de su aislamiento. La globalización ha presionado la competitividad al máximo, provocando que quienes están mejor preparados sobrevivan. En consecuencia, optar por sostener las pautas culturales se convierte en un lujo que puede ocasionar la extinción del un grupo cultural diferenciado.

Recientemente, se aprobaron nuevas leyes que permiten al Estado de Guatemala garantizar que la población tenga acceso a los métodos avanzados de planificación familiar. Sin embargo, no se destinan los recursos necesarios para dar cobertura a las áreas más necesitadas del país. Por el contrario, debido a la falta de personal, insumos y medicamentos en los centros de salud del área rural, las tasas de mortalidad materno-infantil se han disparado en los últimos meses, al igual que las tasas de natalidad y de atención prenatal.[32] Esta curva, en crecimiento, determina que la población de escasos recursos siga aumentando. Uno de los retos –como Estado– es equilibrar la curva demográfica para evitar que los pobres sigan **pariendo pobres**.

La pobreza, desde el punto de vista ideológico, ha sido utilizada con demasiada frecuencia por gente interesada en obtener privilegios, dádivas o algún puesto en las oficinas estatales. También se utiliza como "llave mágica" para abrir las arcas nacionales a la limosna, al reparto de dinero y bienes; pero, esencialmente, como estandarte de la confrontación social. Salir del círculo de la pobreza requiere un cambio de mentalidad. Como parte fundamental se debe erradicar la cultura patriarcal y machista[33] de nuestra estructura social, modificando los enfoques mediante los cuales se distribuye el gasto del Estado. Es decir, destinando recursos hacia las áreas de planificación familiar, protección del medio ambiente, inversión en salud preventiva, educación de calidad y mejoramiento de la infraestructura del Estado. Además, se debe promover la estabilidad política por medio del establecimiento de un Estado de Derecho que permita mejorar la seguridad, la justicia y las leyes que faciliten la creación de empleos de calidad. Anunciar estas posiciones, para encontrar un equilibrio social, es un intento prudente para reflexionar sobre el tema, aunque implementarlo parece una contradicción irresoluble en sí misma.

En ese aspecto, unos pocos pagan impuestos que sirven para sostener los programas de beneficencia y ayuda social para los –supuestos–

---

[32]   Alba Trejo, *Guatemala: Poca variación en el promedio de nacimientos en una década*. (9 de noviembre de 2008). En: http://rotativo.com.mx/articulo,9217,html (Consultada, febrero 2010)

[33]   José Elías, *El machismo es el conjunto de actitudes y prácticas sexistas vejatorias u ofensivas llevadas a cabo contra las mujeres,* El país.com (18 de septiembre 2006). En:
http://www.elpais.com/articulo/internacional/valores/machistas/campan/Guatemala/elppori nt/20060918elpepuint_2/Tes (Consultada enero de 2010)

pobres. Este sistema provoca una deflación en el sector productivo, que a su vez repercute directamente en la sobrevivencia precaria de una población, cada día, más numerosa. No podemos negar que este sistema ha funcionado y funciona en la actualidad, proporcionándonos un precario equilibrio. No existe una mejor alternativa al modelo capitalista, en consecuencia debemos encontrar la manera de minimizar los daños colaterales que el mismo provoca. Entonces, nuestra posición sostiene que podemos empezar por el control demográfico y una actitud seria en la implementación de acciones inteligentes que combatan la pobreza extrema.

Capítulo IV

La tierra y sus recursos

El debate sobre los recursos naturales y la tenencia de la tierra en Guatemala –como en otras regiones del mundo– ha generado, a lo largo de la historia, violentas disputas y guerras. Este tema ha sido, por excelencia, la bandera política de los grupos de presión social. Sobre el particular habrá, necesariamente, conflicto de intereses por parte de los diversos actores que se anuncian en la escena social. Para Guatemala, uno de los puntos más álgidos en la historia reciente del agro se desata con la publicación de Decreto 900, durante el gobierno del Coronel Jacobo Arbenz en 1952.[34] En la actualidad, la crisis en el campo se agudiza debido al nuevo orden económico mundial. En consecuencia, el conflicto por la tenencia de la tierra no puede seguir manejándose de manera irresponsable, utilizándose como un trofeo de los activistas políticos que reivindican, en apariencia, la causa de los pobres. Estos actores sociales sostienen sus reclamos con modelos obsoletos sobre la distribución de la tierra y el manejo de los recursos naturales.

La mayoría de la población rural de escasos recursos tiene malas prácticas agrícolas. Además, su sistema de vida y las pautas culturales son condicionantes clave para conservar una agricultura de subsistencia. Esta estructura productiva, al presente, no es posible, por lo que ha creado una dinámica de usurpación. La misma tiene sus raíces en el crecimiento poblacional. Los campesinos, quienes no encuentran trabajo en el campo o en la ciudad se desplazan a las áreas protegidas, talan los bosques y siembran cultivos para autoconsumo, pues no tienen otra

---

[34] Decreto del Congreso. Fecha de Emisión: 17/6/1952 Fecha de Publicación: 17/6/1952 Ley de Reforma Agraria. Establece liquidar la propiedad "feudal" en el campo y las relaciones de producción que la originan, para desarrollar la forma de explotación y métodos capitalistas de producción en la agricultura.

alternativa visible. Algunos de estos campesinos son instigados por los narcotraficantes, quienes los inducen a apropiarse de las tierras estatales, las que sucumben ante el inmisericorde filo de las motosierras. Estas invasiones de tierra están a la orden del día en todo el país, pero, particularmente, en regiones tan vulnerables como Petén, al norte de Guatemala. El problema se agrava con el deterioro del ambiente que los usurpadores provocan.[35]

Por otra parte, los campesinos beneficiados con la entrega de tierras esperan, además, que el gobierno les proporcione, herramientas, insumos, semillas y dinero para hacerlas producir. Se asumen agricultores pero después de varios años de ser propietarios o usufructuarios no saben cómo cultivarlas ni hacerlas rentables. Los campesinos – convertidos en terratenientes– terminan por arrasar los recursos naturales que les fueron entregados, cortan los árboles para obtener madera y leña; explotan al máximo la tierra y luego venden su patrimonio por pocos centavos. Así empieza un nuevo ciclo de exigencias y peticiones de subsidio estatal. En el mejor de los casos, algunos de estos propietarios hacen el intento por producir, sin embargo, al encontrar condiciones poco propicias para continuar, abandonan las siembras y buscan trabajo en las fincas vecinas. En ocasiones se desplazan a las ciudades y generalmente terminan ocupándose en la economía informal, lo que les permite la subsistencia. Algunos de ellos logran con esfuerzo, voluntad y honestidad vencer la pobreza, pero la gran mayoría termina en asentamientos marginales en donde contribuyen a la contaminación, al deterioro del ambiente y al caos social.

Sabemos que los recursos de la tierra son finitos. Debe lograrse, por tanto, un equilibrio entre la oferta y la demanda de los recursos naturales

---

[35] Francisco Mauricio Martínez, *Biotopos son destruidos por traficantes y depredadores*. En: Prensa Libre (Guatemala, 11 de enero de 2010)

en una economía global. Una porción de estos recursos deberá ser reciclada. La provisión limitada de la naturaleza es el factor a tomar en cuenta para detener el crecimiento poblacional. Sin este equilibrio en la fórmula, la existencia humana se volverá insostenible. La tierra fértil, el agua potable, la energía no renovable como los hidrocarburos y el aire puro se agotan, en consecuencia, el tamaño de la población mundial deberá equilibrarse con los recursos disponibles.[36]

En este sentido, tendremos que replantear cuál es la calidad de vida que deseamos. Si el sistema industrial continúa a este ritmo de crecimiento, nos enfrentamos a la inminente extinción. Como ejemplo, las más recientes investigaciones expuestas por arqueólogos de la NASA, evidenciaron que los mismos habitantes prehispánicos –mayas– fueron causantes de su colapso cultural. Lo que provocó el declive de su civilización. Estos antiguos habitantes, con sus sistemas de cultivo, ocasionaron el deterioro de la tierra. Por aparte, la arquitectura de las ciudades, con la construcción de templos monumentales, exigió el uso de grandes cantidades de leña y madera. La deforestación trajo como consecuencia períodos de sequía y un incremento en las temperaturas. Este sistema económico social, en su lógica de crecimiento, se hizo irracional, lo que provocó el deterioro ecológico. Las sequías trajeron incendios que finalmente produjeron hambruna generalizada. Al perder el sistema su equilibrio, se sucedieron levantamientos sociales y convulsiones que causaron la desaparición de las élites. Al final, se dio el colapso económico que sustentaba esa civilización.[37]

Actualmente los científicos sostienen que los seres humanos somos los mayores causantes del deterioro ambiental del planeta. Imágenes

---

[36] *Proyección climática global.* (2009). En: magazine–deutschland.de No. 5 (Octubre/noviembre 2009) p. 9.
[37] Tony Phillips, NASA (15 de noviembre 2004). En: http://ciencia.nasa.gov/headlines/y2004/15nov_maya.htm (Consultada Enero de 2010)

satelitales muestran la depredación causada por el hombre. Se puede observar como los mantos acuíferos se están secando y los lagos han perdido extensión. Esto se debe, en parte, al calentamiento global que también provoca el deshielo de los glaciares. La acidificación de los mares se debe a las emisiones de Dióxido de Carbono que, a su vez, es la causante del efecto invernadero. Con el deshielo y la condensación del agua se vaticinan problemas en la elevación del nivel del mar, la que puede llegar a provocar inundaciones irreversibles en algunas islas del Pacífico Sur. La deforestación de las cuencas hidrográficas y el mal manejo de desperdicios contaminan las fuentes de agua; por lo que la extracción de este recurso para uso doméstico y riego de plantaciones es cada vez menos accesible, por la ampliación de la frontera agrícola. Así, sin el líquido vital, la vida en el planeta es imposible.

La reducción de las emisiones de gases de efecto invernadero y la contaminación de las cuencas es uno de los objetivos de las cumbres mundiales organizadas para combatir el cambio climático. Los glaciares han retrocedido a un punto crítico creando inestabilidad y variaciones atmosféricas tan violentas que perjudican la vida de millones de personas.[38]

Según los analistas la guerra del futuro será por el agua. Por ejemplo, en las comunidades rurales –con culturas tradicionales– los habitantes tienden a emigrar a lugares en donde pueden abastecerse del vital líquido. Estas migraciones no planificadas provocan el deterioro ambiental y, en algunas regiones, se pronostican estallidos sociales sin precedentes para el futuro. El crecimiento poblacional desmedido y el desorden urbanístico han creado una situación crítica, lo que significa que habrá menos agua para consumo humano. El desbalance poblacional hace

---

[38] Clair Cozens, *Deshielo en el Himalaya amenaza a 1,300 millones*. En: Siglo XXI (Guatemala, 7 de septiembre de 2009) p. 21.

entrar en crisis a la industria manufacturera, a los sistemas de riego y a todas las actividades económicas imprescindibles para la sobrevivencia.

Los humanos quemamos carburantes fósiles como el petróleo y carbón, esto acelera el calentamiento global. La dinámica industrial genera, a su vez, una contaminación que provoca sequías y desertificación. Adicionalmente se contamina con polímeros que forman grandes depósitos de plástico, los cuales flotan en el océano atrapados por las corrientes marinas. La vida de animales y plantas está siendo afectada en su ritmo, los tiempos de apareamiento y desove han roto el equilibrio ecológico. Podemos observar que agentes vectores como el mosquito y el zancudo están proliferando de manera desproporcionada, por lo tanto, se acercan períodos de desequilibrio ambiental, lo que va a ocasionar grandes pandemias. Hay un incremento en la frecuencia de las infecciones respiratorias, las alergias y las enfermedades de la piel. La incidencia del cambio climático en la salud humana es preocupante.

La naturaleza tiene lagos cristalinos, ríos caudalosos, volcanes majestuosos y bosques que guardan balance en su entorno. Los humanos hemos convertido en vertederos de basura, cloacas y focos de contaminación el paisaje natural y esto nos causa enfermedades. En países del tercer mundo es costumbre arraigada descargar en las fuentes de agua miles de metros cúbicos de heces fecales, detergentes y residuos plásticos. Un ejemplo evidente, de la contaminación causada por el hombre, es la crisis que se vive por estos días en el Lago de Atitlán.[39] En este caso particular, la contaminación por desechos de los hoteles y comercios asentados en las orillas, sumada a la mala gestión municipal y

---

[39] Danilo Valladares, *El lago de Atitlán pide auxilio,* Ambiente-Guatemala (IPS) Una especie de nata achocolatada ha invadido las otrora aguas cristalinas del lago Atitlán, en el sudoccidental departamento guatemalteco de Sololá, producida por las aguas negras que se vierten desde las localidades y fincas aledañas y de los fertilizantes usados en la agricultura. En: http://ipsnoticias.net/nota.asp?idnews=93940 (Consultada marzo de 2010)

las malas prácticas de fertilización agrícola ha provocado cambios en la composición del agua, proliferando las cianobacterias. El turismo ha disminuido y está haciendo colapsar la economía local. Los mismos hoteleros, propietarios de restaurantes y todo tipo de negocios que viven del turismo se han visto afectados. Cada año el fenómeno de las cianobacterias en Atitlán será más grave, por tanto, es necesario actuar ahora. La indolencia de las autoridades municipales, la actividad diaria de los habitantes pero, sobre todo, la falta de leyes que regulen o sancionen a los responsables ha permitido que se siga depredando el patrimonio nacional. Una forma de mejorar la gestión ambiental es promover otros sistemas de fertilización a base de elementos orgánicos que no contaminen los mantos acuíferos.

Otro de los grandes problemas en Guatemala es la costumbre de utilizar leña para cocinar los alimentos en las comunidades rurales. Esta costumbre ancestral causa la deforestación; contribuye con la disminución de la precipitación pluvial que, a la vez, afecta el volumen de almacenamiento del manto friático. Las quemas o rozas que sirven para preparar la tierra en los cultivos de subsistencia o la industria cañera destruyen la biodiversidad, provocan la degradación del suelo, contribuyen con la incidencia de sequías y la erosión. Es oportuno que los agricultores abandonen las prácticas de quema o roza. Este procedimiento degrada el suelo y a la larga, como lo hemos observado, fomenta las hambrunas que se suceden constantemente en las áreas rurales.

Quienes habitamos el planeta tenemos la responsabilidad de protegerlo del deterioro y la depredación. Podemos comenzar con la eliminación de los proyectos energéticos que funcionan a base de carbón, que puede ser sustituido por la energía eólica; también disminuyendo el uso de los motores de combustión interna que funcionan a base de los derivados del petróleo. Es indispensable un manejo apropiado de los residuos tóxicos generados por la industria. La explotación de los recursos es fundamental para la economía de los pueblos, sin embargo debe hacerse de manera sustentable y en armonía con el ambiente. Se deben desarrollar proyectos que admitan la utilización de tecnologías avanzadas que contaminen menos. Es difícil encontrar un balance entre el manejo sostenible de la naturaleza y la competitividad en el mercado. El objetivo de la producción industrial es crear mercancías de bajo costo para el consumo masivo, sin importar la depredación del ambiente.

Por otra parte, las comunidades que crecen de manera desmedida contaminan los recursos hídricos, talan los bosques y erosionan la tierra. Por tanto, un discurso "eco histérico" no es válido si solamente se acusa a una de las partes y no se mira el fenómeno en su conjunto. Los grupos de ecologistas que tienen un discurso de confrontación contra la industria, para llamar la atención sobre la protección ambiental, no han logrado encontrar el balance entre los intereses de las comunidades y los proyectos de inversión que generen ingresos a los habitantes de estos lugares.

Para que la agricultura moderna tenga éxito requiere de grandes inversiones y estudios profesionales. Bajo los parámetros actuales de la productividad agrícola se necesita saber mucho más que usar el machete o poner una semilla en el campo. Por ejemplo, un agricultor experto en la siembra de ejotes debe arrendar o comprar un terreno para desarrollar dicho cultivo, seleccionar la tierra adecuada, el clima y todas las condiciones necesarias para tal plantación. Si desea producir flores, árboles frutales o palma africana deberá adquirir la tierra, según estudios de suelos calificados, que sean aptas para estos cultivos. Por aparte, si no cuenta con el flujo de efectivo suficiente tendrá que solicitar un préstamo, por lo cual deberá llenar un sinnúmero de formularios, hacer planes de inversión, flujos de capital y proyecciones de retorno del capital. Si no llena todos los requisitos no podrá obtener el crédito. Luego, deberá realizar la comercialización de su producto. En síntesis, un agricultor tiene que poseer conocimientos en áreas tan complejas como la matemática, las finanzas, la economía, el Internet y algunos conocimientos básicos de agricultura. Entonces, nos preguntamos, ¿cómo puede un campesino, con poca instrucción, competir con un agricultor moderno?

En la coyuntura actual guatemalteca, un aparente Estado benefactor otorga fincas al crédito en beneficio de los campesinos. Estas tierras son pagadas con los impuestos de todos los guatemaltecos en programas como Fontierra. La política populista convierte a los campesinos en deudores y los coloca en una situación crítica. Los mismos deben hacer producir las fincas sin los conocimientos adecuados. Además, contar con recursos económicos adicionales para pagar los créditos. Al mismo tiempo proveer sustento para sus familias. Por las condiciones actuales del mercado, es poco probable que estos campesinos estén en capacidad de pagar capital e intereses. Muchos de los beneficiados con tierra no son agricultores, generalmente son bochincheros azuzados por algunos dirigentes de las organizaciones sociales, quienes no entienden nada de agricultura. Incluso, éstos "acarreados" son obligados a acceder a la compra de malas tierras, ya que estas organizaciones ganan una comisión por la gestión del proyecto. En tanto, los campesinos se ven obligados a pagar la deuda. Dentro de ésta política populista, campesinos y burócratas de las organizaciones sociales no saben cómo ni qué cultivar. Ningún agricultor compraría tierras o las arrendaría sí estas no reúnen las condiciones adecuadas para sembrar lo que desea. Además de pagar un arrendamiento o un crédito, el agricultor debe tener un proyecto estructurado para hacer que este suelo sea rentable. Comprendemos que no hay malas tierras, sólo buenos o malos agricultores. Sin embargo, la gran mayoría de campesinos y los dirigentes de algunos grupos de presión no saben qué y cómo cultivar, tampoco comercializar. Sucede con frecuencia que estos agitadores tienen como objetivo obtener prebendas, comisiones y sueldos avivando los conflictos sociales.

Está documentado que la mayoría de proyectos en las tierras otorgadas a los campesinos han sido un rotundo fracaso.[40] Las fincas fértiles de la costa sur guatemalteca ya entregadas evidencian que el reparto de tierras no tiene mayor sentido porque han sido depredadas. Los campesinos no logran salir de la pobreza porque no contabilizan el trabajo realizado por ellos, no incluyen el valor de la tierra y otras variables que determinan el precio de un producto. Estos habitantes terminan trabajando por menos dinero del que pueden obtener como asalariados.

Los agricultores modernos deben contar con capital para la compra de insumos, realizar estudios de mercado, informarse por medio de instituciones empresariales e Internet sobre los productos que tienen más demanda en el mercado nacional e internacional. La mayoría poseen ingresos como profesionales o tienen otro tipo de recursos con los cuales logran sobrevivir durante el período de precosecha. Esto indica que una finca es una mina que necesita de otra mina –recursos adicionales– para hacerla productiva.

La tierra fértil apta para cultivos intensivos es un recurso escaso. En manos de los campesinos este recurso no contribuye a solucionar el problema de pobreza, no genera empleos y tampoco ingresos para el fisco. Los campesinos con tierra quedan obligados a trabajarla, a buscar recursos para hacerla productiva. La posesión los condiciona a permanecer en el lugar, a pasar penalidades, inclemencias del tiempo y

---

[40] Rodolfo Godínez Orantes, *Asentamientos Humanos Establecidos a Través del Fondo de Tierras en Guatemala: Impacto Sobre el Medio Ambiente*, USAC. Dirección General de Investigación, Programa Universitario de Investigación en Estudios de Coyuntura (Guatemala, junio de 2002)

falta de ingresos fijos. Este tipo de propietario termina endeudado y debe buscar otras alternativas de ingresos o medios de vida.

En un país como Guatemala el tema de la tierra se relaciona con la lucha de clases, la que se ha sostenido por los resentimientos ancestrales y ahora se manifiesta en los llamados "Derechos de los Pueblos Indígenas"[41]. Durante el período colonial, los encomenderos[42] a quienes se les otorgó concesiones para la explotación de tierras, con el objeto de generar tributos para la Corona Española, fueron los encargados de hacerlas producir. La encomienda fue una institución que, aparte de otorgar tierra, entregó *indios* con la justificación cristiana de la evangelización. Es indudable que toda figura de poder comete abusos por la jerarquía que representa. Desde esa visión, los encomenderos, en la gran mayoría de los casos, ejecutó arbitrariedades contra los *indios*. Fue la imposición de una forma cultural dominante que se enriqueció a costa de la dominación sobre los otros. Pero es importante explicar que, antes de la venida de los conquistadores, las civilizaciones prehispánicas[43], en el área mesoamericana, entraron en períodos de crisis por la sobre

---

[41]	El 29 de diciembre de1996 el gobierno y la guerrilla firmaron el Acuerdo de Paz Firme y Duradera en el que manifiestan que el respeto y ejercicio de los derechos políticos, culturales, económicos y espirituales de todos los guatemaltecos es la base de una nueva convivencia que refleje la diversidad de su Nación. Los Acuerdos de Paz, especialmente el Acuerdo Socioeconómico y Agrario y el Acuerdo sobre Identidad y Derechos de los Pueblos Indígenas y el de Reasentamiento, subrayan el papel fundamental de la tierra para el proceso de paz. Los Acuerdos establecen que debe elaborarse una estrategia integral que facilite el acceso de los campesinos a la tierra y otros recursos productivos necesarios para una transformación de la tenencia y el uso de la tierra.

[42]	Encomendero. Hombre que lleva encargos de otro, y se obliga a dar cuenta y razón de lo que se le encarga y encomienda. Hombre que por concesión de autoridad competente tenía *indios* encomendados. En: http://buscon.rae.es/draeI/SrvltConsulta?TIPO_BUS=3&LEMA=Rae/Noticias.nsf/portada?Read Form (consultada noviembre de 2009)

[43]	Civilizaciones prehispánicas. Sociedades agrícolas dedicadas al cultivo cíclico estacional del maíz. En el denominado período clásico en el año 800 N.E., llegan a su mayor esplendor y para el año 1200 la civilización Maya ha colapsado, deviniendo en nuevas estructuras sociales diseminadas en toda la región.

explotación de la tierra, talaron los bosques y generaron cambios climáticos con períodos de sequía prolongados, que derivaron en hambrunas y la consecuente agitación social. La sumatoria de todos estos factores creó el colapso de esas civilizaciones. La decadencia de los imperios precolombinos provocó el éxodo de los habitantes hacia lugares agrícolas menos explotados, la caída de la clase gobernante y el aniquilamiento de las élites hizo que se reorganizaran en nuevos espacios. Para el año 1300 N.E. esta nueva organización social prehispánica hizo que los pueblos se invadieran y se conquistaran unos a otros.[44] La tierra pasaba a manos de los vencedores. Los pueblos se despojaban unos a otros sojuzgándose, hasta que, finalmente, en el año 1540 N.E. la expansión europea sometió estas civilizaciones.

La racionalidad del sistema europeo, desde la imposición en la conquista, crea en la región los parámetros culturales de occidente. Lógica que impone el criterio del lucro sobre la vida misma. Los países como el nuestro, al apropiarse de esa visión, no logran conciliar la explotación de los recursos y la sostenibilidad del ambiente. Por una parte, los ecologistas se rasgan las vestiduras cuando se habla del aprovechamiento de los bienes naturales. En el sentido contrario, los que defienden los intereses de las corporaciones no evalúan, en profundidad, las consecuencias a largo plazo de los proyectos de explotación, es decir, los efectos derivados de la acción humana sobre el entorno.

El hombre utiliza para su provecho a todos los seres vivos del planeta. Su capacidad para destruir, consumir, depredar, contaminar, quemar y explotar los recursos naturales es temible. La industria minera y petrolera causa daños colaterales irreparables que deben ser analizados a la luz de los beneficios reales para los países y las poblaciones. En ciertas

---

[44] Conflictos entre cachiqueles y tzutuhiles. Municipalidad de Patulul. En: http://patulultradiciones.blogspot.com/2009_12_01_archive.html (Consultada marzo de 2010)

regiones geográficas se pueden generar mayores ingresos y plazas de trabajo si se crean proyectos turísticos o cultivos no tradicionales. Algunas tierras pueden ser aptas para la minería, proyectos industriales o desarrollos habitacionales. Se hace necesario un acuerdo entre ambas partes –empresarios y ambientalistas– que debe centrarse en el aprovechamiento de los recursos provenientes de energías limpias. Las hidroeléctricas, las fuentes termales, la energía eólica y la energía solar causan menos daños al ambiente y a la salud de las personas que los combustibles fósiles. La destrucción de cerros, la contaminación del agua, los daños a la salud humana, entre otros, con la finalidad de obtener pingües compensaciones económicas muchas veces no justifica el daño irreversible que se provoca.

Una de las razones para modificar la conducta humana y su relación con el ambiente es la evidencia de que los recursos se están agotando. La industria minera, por ejemplo, ha empezando a tener problemas de producción y explotación. La calidad de los metales extraídos está en declive. Lo oneroso de la investigación para la implementación de nuevos proyectos y el agotamiento de los yacimientos existentes está generando escasez. Luego del descubrimiento de un yacimiento, se requieren en promedio diez años para iniciar la extracción de metales. Como ejemplo, en los nuevos yacimientos el oro que se obtiene es de menor pureza. El déficit de metales se compensa, en parte, por el reciclaje. Pero las reservas mundiales de cualquier metal decrecen aceleradamente. Recientemente, el oro ha tenido un incremento de precios histórico, debido a que los bancos lo están comprando para proteger sus reservas monetarias de la debilidad del Dólar estadounidense.[45] Por otra parte, algunas de las nuevas tecnologías utilizan materias primas no renovables,

---

[45] *En Declive*. En: Prensa Libre (Guatemala, 30 de noviembre de 2009) p. 48. AFP, informe de ejecutivos del sector minero en Toronto, Canadá.

como los metales raros que se han utilizando hasta su extinción.[46] Los yacimientos se agotan sin que se descubran nuevas fuentes para cubrir la demanda industrial.

Los avances tecnológicos, en ocasiones, no son un paliativo sino una fuente de contaminación y deterioro adicional. Uno de los problemas más grandes a nivel mundial lo causa la basura electrónica, es decir los desechos de aparatos electrónicos como celulares, computadoras y demás objetos que sistemáticamente están siendo depositados en diversas regiones. Esta basura tiene altos contenidos de plomo, cadmio, mercurio y otros elementos peligrosos que contaminan ríos, lagos y mares. Parte del mercurio que cae en los lagos de Norteamérica, debido a la lluvia ácida, proviene de los países asiáticos, lo que implica que como humanidad pagamos por los excesos. En este caso, la contaminación se traslada de un lugar a otro a través de los medios atmosféricos sin que podamos hacer algo al respecto.[47] En China el gobierno libra una dura batalla en contra de las montañas de basura tecnológica, mientras el país entra de manera acelerada en la era del consumismo.[48]

Toda acción humana deja huellas en el ambiente. La reserva de la Biosfera Maya, ubicada al norte de Guatemala, fue, en su día, una exuberante selva tropical repleta de fauna y flora que hoy se ha convertido en una llanura de pastizales miserables con escasos riachuelos, que ha sido devastada por las invasiones ilegales y el narcotráfico. Los pocos intentos por mantener comunidades ecológicamente sustentables están siendo amenazados por los depredadores, estos nuevos invasores conformados por grupos de campesinos invaden la zona boscosa para

---

[46]   David Cohen, *Metales raros: advierten que están a punto de desaparecer.* En: La Nación (Argentina, 12 de junio 2007) En: http://www.lanacion.com.ar/nota.asp?nota_id=916640 (Consultada noviembre de 2009)

[47]   Anne La Bastille, *Acid Rain.* National Geographic (México, noviembre 1981) (Vol. 160) No. 5, p. 652-680.

[48]   http://www.conaii.org.mx/Documentos/CHINA_ENFRENTA_BASURA_TECNOLOGICA.pdf

sembrar maíz y frijol. Luego, cuando la tierra se agota –en dos o tres años–, la venden a los ganaderos o a los narcotraficantes.[49]

El panorama que se vislumbra es bastante desalentador. Similar situación se vive en algunos países de África en donde los desiertos amplían sus fronteras. El hambre asola estas regiones cuyos habitantes, en su afán por sobrevivir se enfrascan en interminables guerras fratricidas. Cientos de inmigrantes del continente Africano están tomando por asalto las ciudades europeas. En lugares como Kenia y Uganda millones luchan por la sobrevivencia, al mismo tiempo que acaban con los pocos recursos disponibles. La sobrepesca en el Lago Victoria[50], el derretimiento de las nieves del monte Kilimanjaro,[51] el avance en la desertificación del Sahara son algunas de las noticias que nos llegan por estos días. Regiones de Latinoamérica se encaminan, al igual que África, a un cataclismo humano. La sobrepoblación, la sobreexplotación agrícola, la deforestación, la contaminación industrial son, apenas, parte de los problemas que enfrentamos y cuyas consecuencias las padecerán las generaciones futuras.[52]

La comunidad científica ha dado la alarma que Centroamérica y el Caribe serán de las áreas más afectadas por el cambio climático. Ambas zonas son vulnerables debido a la falta de recursos y la debilidad institucional. En ese sentido, la región centroamericana debe actuar en conjunto para encontrar soluciones integrales, puesto que está configurada geográficamente como un todo. Los países industrializados, quienes

---

[49]   Rigoberto Escobar, *Biósfera pierde 45% de bosque*. En: Prensa Libre (Guatemala, 17 de enero de 2010)

[50]   Movimiento Mundial por los Bosques Tropicales, WRM. Octubre 2000. (Consulta, octubre 2009) En: http://www.wrm.org.uy/boletin/39/Tanzania.html

[51]   Sergio, (3 de noviembre 2009) En: http://www.mmagnum.com/2009/11/03/las-nieves-del-kilimanjaro-se-derriten-dia-a-dia/ (Consultada marzo 2010)

[52]   Paul Salopek, *El lado cruel de África*. National Geographic (México, abril 2008) (Vol. 22) No. 4. pp. 2-33

causan mayor contaminación en el planeta, deben colaborar con los países de la región para mitigar los daños al ambiente, entre ellos, el efecto de los gases de invernadero. Es necesario que los seres humanos cambiemos nuestra forma de producir, consumir y relacionarnos con la naturaleza modificando esta conducta autodestructiva. Se debe terminar con la *impunidad ambiental*, creando un estado de conciencia plena del ser humano integrado a su entorno o, en última instancia, implementar fuertes castigos a quienes utilicen mal los recursos. La corrupción en las esferas gubernamentales ha contribuido a profundizar el problema. Las instituciones del Estado, encargadas de la protección del medio ambiente, no han podido cumplir con esta labor por falta de recursos y leyes que castiguen a los depredadores.

En Guatemala las pérdidas en la agricultura ocasionadas por el cambio climático suman millones de dólares.[53] Bajo los parámetros actuales de desarrollo rural, instituciones diversas –integradas en la Plataforma Agraria– buscan fomentar la agricultura por medio de repartición de tierras con financiamiento del Estado. Para ello se apoyan en un proyecto de ley conocido como *Ley de Desarrollo Rural Integral*[54], el cual esconde un plan de reforma agraria de tipo expropiatorio. Sistema que vulnera la propiedad privada y ha demostrado ser nocivo para el desarrollo de la economía. En países como Guatemala en donde las tierras son, en su mayoría, de vocación forestal, resulta más inteligente llevar empleo al campo, en donde habitan los más pobres, estableciendo industrias que agreguen valor a los productos locales y utilicen mano de obra para transformar o crear nuevas mercancías. Estas empresas deben instalarse en lugares con alta

---

[53]   Lucy Calderón, *Cambio en el clima impacta al país*. En: Prensa Libre (Guatemala, 6 de diciembre de 2009)

[54]   Proyecto   de   Ley   En: http://www.albedrio.org/htm/documentos/AnteLeyDRI110407JuridicaFinal.pdf   (Consultada noviembre de 2009)

concentración de personas, además, crear sus propias fuentes de energía renovable para lograr el desarrollo económico sostenido.

Se debe ilustrar a las personas de escasos recursos sobre las alternativas para salir de la pobreza, sin que medie la manipulación de los intereses sectarios o su instrumentalización con fines ideológicos de tipo partidista. Para lograr esto, es necesario un cambio de objetivos a nivel de dependencias estatales, de empresa privada pero, sobre todo, un cambio de mentalidad entre los grupos de presión social y los campesinos organizados. Las organizaciones sociales deben destinar más recursos para implementar campañas de información y capacitación a los pobladores rurales en temas como salud, medicina alternativa, nutrición balanceada, planificación familiar y desarrollo comunitario, entre otros, para ayudarles a salir de la pobreza. Agrónomos, veterinarios o empresarios agrícolas deben formular proyectos eficientes que generen empleos enfocados en áreas de la industria o el comercio. Este tipo de modelos tienen más probabilidades de éxito que las empresas agrícolas tradicionales en la consecución de mejores niveles de vida para la población rural.

Durante la época prehispánica, previa a la expansión europea, había sociedades altamente organizadas en toda la región mesoamericana. Las comunidades estaban dividas en clases sociales en donde artesanos, comerciantes, agricultores y personas dedicadas a diversos oficios intercambiaban todo tipo de productos, desde granos básicos hasta piedras preciosas, como el jade. Luego de la conquista y de la imposición del régimen colonial, –en mayor o menor grado–, los *indios*[55] siguieron intercambiando bienes y servicios. Este continuo intercambio, con el tiempo, provocó el surgimiento de nuevos empresarios y comerciantes

---

[55] Indio. Se utiliza este término por ser el correspondiente a la época para describir a la clase dominada por los colonizadores. *1542 leyes nuevas de indias* En: http://es.wikipedia.org/wiki/Leyes_Nuevas (Consultada enero de 2010)

entre los pobladores de las comunidades indígenas. En la actualidad, cualquier persona, por medio del ahorro y el crédito, tiene acceso legal a la compra de tierras o todo tipo de bienes. Por lo cual, no se justifica el reparto de tierras a quienes no tienen la capacidad empresarial para hacerlas rentables. Podemos encontrar indígenas acaudalados en todas las regiones del país, quienes tienen capacidad para generar riqueza y puestos de trabajo, sin tener que recurrir a las dádivas del Estado.

La tierra, durante toda la historia, ha cambiado de manos enriqueciendo a unos y empobreciendo a otros. Cuando este recurso es mal administrado se agota y puede tornarse infértil. Toda persona puede tener acceso a la tierra, pero no todos tienen la capacidad para conservarla. Se necesita capital y una actitud empresarial para hacer que una propiedad inmueble se convierta en un medio para el desarrollo. Si hacemos el planteamiento sobre cuánta tierra necesita una persona de escasos recursos para salir de la pobreza o un rico para conservar su fortuna, obtenemos respuestas diversas. Podemos observar que una persona sin recursos y sin conocimientos difícilmente saldrá de su condición de miseria. Es más fácil acceder a la riqueza por medio del comercio, la preparación académica o la tenacidad demostrada en un empleo, lo que permite tener una vida digna. La tierra por sí misma no produce riqueza ni ascenso social. Por ejemplo, el propietario de una caballería de tierra fértil y húmeda en la costa sur guatemalteca puede, al cabo de unos años, vivir medianamente bien de este recurso si le dedica trabajo, inversión y creatividad. También un agricultor del altiplano que se dedica al cultivo de hortalizas o flores en un terreno de diez hectáreas, con trabajo y dedicación, puede ser autosuficiente. Esto confirma que el tamaño de la propiedad no determina la renta. La renta se determina por el trabajo, la inversión y la capacidad productiva de este recurso, entre otros factores.

Para el campesino, el sistema paternalista es un engaño que no estimula la búsqueda de mejores opciones para salir de la pobreza. Por esa vía también se destruye el balance ecológico y al final no se corrige el problema sino que se agrava. El desarrollo rural no se logra mediante la producción de alimentos de subsistencia. Cada región debe promover entre sus integrantes la creación de proyectos de inversión que optimicen la capacidad productiva de los habitantes. Las propuestas contenidas en el anteproyecto de *Ley de Desarrollo Rural Integral*, antes mencionado, pretenden –en apariencia– el aprovechamiento de las tierras ociosas con la finalidad de la producción. Sin embargo, con esta iniciativa de ley se obliga a los propietarios a enajenar parte de su patrimonio en contra de su voluntad y sin los estudios necesarios que promuevan un manejo sostenible de la tierra. Además, esta iniciativa intenta suprimir el derecho individual al uso y usufructo de un bien. Para dar seguridad a la inversión privada es necesaria la certeza jurídica[56] sobre la tenencia de la tierra. Los efectos dañinos de las invasiones y los problemas que ocasiona el conflicto agrario pueden ser minimizados mediante la aplicación correcta de las leyes vigentes.

Aún persiste la idea, en algunos grupos de presión social, de convocar a un diálogo para discutir el tema de la reforma agraria de tipo expropiatoria. Esa discusión ha sido agotada varias veces y los gobiernos, de corte paternalista, han fracasado debido a que se ha generado un clientelismo político. Cada cierto tiempo surgen grupos de jóvenes contestatarios que quieren discutir con los mismos argumentos, propiciar protestas y paralizar al país con bloqueos en las carreteras. Proponen convocar a mesas de discusión para tratar el tema de la pobreza en el campo y la seguridad alimentaria. Mesas de negociación auspiciadas por la cooperación internacional en hoteles cinco estrellas con almuerzos repletos de viandas pagadas con recursos del Estado y de estas instancias. Hasta la fecha no se han conseguido acuerdos que sean coherentes a todas las partes,

---

[56] En tanto se tenga legitimidad y legalidad en el sistema, existe la certeza jurídica.

únicamente surgen propuestas para incrementar la burocracia y el gasto público.

Mientras unos invierten su tiempo en reuniones políticas de planificación, mucha veces improductivas, en el campo las personas arriendan tierra todos los años para cultivar diversos productos que incentivan el mercado interno. En diferentes puntos del país, los propietarios de fincas conceden a los campesinos algunas áreas, a precios accesibles, con el objeto de limpiarlas de malezas y prepararlas para el cultivo. Algunos compran terrenos en los bancos o a particulares e inician proyectos empresariales sin que el Estado intervenga o invierta dinero de los contribuyentes. Creemos que es la mejor manera de crear propietarios en vez de proletarios.

Hay personas que trabajan la tierra, viven de ella y luchan por ella. Para lograr estos objetivos se deben preparar técnica, física y psicológicamente. El éxito depende de su capacidad para soportar constantes crisis mundiales, catástrofes ambientales, perdidas por plagas o cambios en la oferta y demanda de los productos. Los campesinos sin recursos y sin educación no pueden sobrellevar con facilidad estas dificultades. Las crisis financieras mundiales son preocupantes porque crean una situación crítica en el agro. Los empresarios agrícolas sortean las dificultades económicas de mejor manera, en contraposición, los campesinos no logran producir ni sus alimentos para el autoconsumo. En la actual crisis alimentaria, el agricultor moderno es quien posee más capacidad para cubrir las necesidades de los habitantes del país, a la vez, producen bienes de intercambio que generan divisas, impuestos y potencian el desarrollo económico y social para la mayoría.

Para solucionar los problemas energéticos del mundo, la humanidad debe realizar mayores esfuerzos por fomentar el uso de energía limpia. Estas fuentes de energía renovables deben llevar soluciones ecológicamente sustentables al interior del país. En el desarrollo tecnológico actual existen los biocombustibles como el etanol y el biodiesel, sin embargo, estos se crean en base de productos alimenticios lo que provoca escases y alza en los precios de los mismos. La producción de estos energéticos, que en apariencia causan menos daño al entorno ecológico, también consumen fertilizantes y su industrialización deja una huella ecológica. Existen otras fuentes alternativas como las olas del mar y las corrientes marinas para generar energía. Se busca fortalecer el impulso a la pesca sostenible, la ganadería ecológica, el turismo con visión integral y la agricultura orgánica. Se deben mantener vigentes los incentivos forestales, fortalecer con recursos las alertas de prevención de incendios y el control de las rozas. Todo lo expuesto puede coadyuvar a detener el deterioro ambiental y buscar un equilibrio social.

Las comunidades deben acceder a recursos para combatir la contaminación de lagos, ríos, manejo de desechos sólidos y aguas residuales. Es importante educar a los pobladores sobre el manejo de los contaminantes. Con una educación integral, creemos que hombres, mujeres y niños podrán ser capaces de realizar sus anhelos de una vida mejor. Las políticas públicas deben encaminarse por esa ruta. Las personas necesitan un cambio en su estilo de vida y en sus parámetros de consumo. La demografía crece al mismo ritmo que el hambre y la desnutrición, sin embargo, la solución no reside en un aumento de la producción de alimentos o el reparto de los mismos. Para algunos, las perspectivas de aumentar la producción de alimentos son contradictorias, ya que producen mayor impacto ambiental. Para otros, la tecnología está en capacidad de solucionar el problema alimentario de la humanidad. Al final, sostenemos que la demanda de recursos llegará a superar los límites de la naturaleza. Humanidad y crisis alimentaria se convierten en un tema irreconciliable. Un balance entre producción y demanda puede contener –al menos por un tiempo– la crisis global, pero, dada la curva demográfica la tierra se encuentra al límite de sus recursos por causa de la acción humana descontrolada.

Capítulo V

Sexualidad y procreación responsable

La educación sexual y los métodos anticonceptivos encaminados a lograr una procreación responsable han sido tema de polémica y debate durante mucho tiempo. Los dogmas religiosos, sobre el origen divino del hombre, interfieren continuamente con las propuestas de procreación responsable. Partiendo de un punto de vista objetivo, se acepta como cierta la condición que la vida se inicia en el momento de la *concepción*[57]. Entonces, para comprobar la veracidad de esta afirmación, debemos iniciar el análisis indicando que la concepción se define como la unión entre una célula femenina y una célula masculina. Sin embargo, los nuevos descubrimientos, de carácter científico, nos llevan a pensar que se puede concebir vida de otras maneras. Por siglos se ha discutido sobre los orígenes de la misma y en esta discusión han estado siempre presentes las creencias religiosas, las teorías científicas y las corrientes filosóficas. Una de las más aceptadas, hasta el momento, es la Teoría de la Evolución planteada por Charles Darwin.[58]

Para entrar en materia, se comprende como un ser vivo al conjunto de átomos y moléculas que forman una estructura material, organizada y compleja. En el mismo intervienen sistemas de comunicación molecular que se relacionan con el ambiente en un intercambio de materia y energía

---

[57] Concepción. Impregnación, fecundación o fertilización, es la puesta en contacto de los gametos (células) masculino y femenino. En: http//www.rae.es/rae.html (Consultada Febrero de 2010)

[58] Charles Robert Darwin (12 de febrero de 1809 – 19 de abril de 1882) fue un naturalista inglés que postuló que todas las especies de seres vivos han evolucionado con el tiempo a partir de un antepasado común, mediante un proceso denominado selección natural. La evolución fue aceptada como un hecho por la comunidad científica y por buena parte del público en vida de Darwin. Con sus modificaciones, los descubrimientos científicos de Darwin aún siguen siendo el acta fundacional de la biología como ciencia, puesto que constituyen una explicación lógica que unifica las observaciones sobre la diversidad de la vida.

de una forma coherente. Tienen la capacidad de desempeñar funciones vitales como la nutrición y la reproducción, de tal manera que los seres vivos actúan y funcionan por sí mismos sin perder el nivel estructural hasta su extinción.[59] El ser humano es un organismo vivo pero, a diferencia de los otros seres del planeta, es portador de características únicas e irrepetibles que lo diferencian del resto de especies existentes tales como la conciencia y la capacidad de expresarse, manifestando sus ideas a través del lenguaje. Esto le permite conocer sobre sí mismo y su entorno, transformar la realidad, reconocer sus estados emocionales, aspirar a la autorrealización, la libre elección, la creatividad, el desarrollo social y otras actividades intrínsecas a la conciencia del ser humano.[60] Todo ser humano posee capacidades inherentes a su naturaleza, la conciencia. Para hacer uso de esas facultades precisa nacer, crecer, adquirir conocimientos, razonar y crear. Nuevos experimentos científicos han demostrando que algunos animales tienen capacidad de aprender o reaccionar a ciertos estímulos. Otros experimentos señalan que ciertos animales poseen inteligencia siendo capaces de comprender, razonar y sentir, aunque sea de forma primitiva. En ese sentido, se puede afirmar que no existen diferencias muy marcadas entre el humano y otros seres vivos superiores. Sin embargo, los individuos poseen la capacidad de transmitir ideas, conocimientos y enseñanzas que modifican su entorno, lo engrandecen o lo degradan. Pueden, a su vez, conservar una memoria colectiva codificada en la historia.

La capacidad de intervenir en nuestro entorno es lo que nos faculta para alcanzar el bienestar. El ser humano no permanece estático, no puede negarse al cambio pues es perfectible. La experiencia en la historia revela

---

[59]   K. H. Nealson y P. G. Conrad, *Life: past, present and future, Philosophical Transactions of the Royal Society B.* (1999) (Vol. 354), No. 1392, pp. 1923-1939, DOI: 10.1098/rstb.1999.0532.
[60]   Gabriela Artieda Vega, Definición del ser humano. (24 de febrero de 2008) En: http://psiquis.foroactivo.com/psicologia-general-f1/definicion-del-ser-humano-t26.htm (Consultada febrero de 2010)

que los humanos buscamos la perfección por medio de la realización personal. Los valores morales socialmente aceptados y la educación que recibimos de nuestro entorno familiar favorecen esta formación del individuo, intervienen de manera directa para formar el carácter, fortalecer el espíritu y hacer de cada ciudadano una persona de bien. En este contexto, la religiosidad, desde la percepción de lo espiritual, juega un papel fundamental.

El ser humano, en el ejercicio de su libertad individual, misma que cree poseer de manera absoluta, atropella la libertad de otros seres y abusa en extremo de su potestad sobre los demás. Existe un balance precario porque los límites constantemente son irrespetados, el *hombre* dispone de la vida de otros organismos a su antojo. Pero ahora empieza a vislumbrar de una manera ineludible que su existencia se interrelaciona con toda la naturaleza,[61] por tanto, sus acciones destructivas o propositivas repercuten en todo el entorno.

La religión –creencias de lo sagrado– es uno de los aspectos fundamentales de su condición, la misma tiene ideas preconcebidas que deben analizarse desde una perspectiva racional. El origen de la vida basada en la tradición y los dogmas religiosos cristianos presenta diferentes aristas que deben ser examinadas en el contexto del siglo XXI. Corrientes de pensamiento cristiano son explicadas por las iglesias protestantes, las cuales manifiestan, cada una, diferentes interpretaciones o conclusiones sobre las enseñanzas bíblicas. A pesar de que todas estas corrientes de pensamiento tienen un elemento en común: Dios hecho hombre, esta visión *patriarcal* predominante en las sociedades teocráticas tradicionales ha permitido al hombre mantener su preeminencia sobre la mujer. Científicos e investigadores han demostrado que muchas

---

[61] Declaración Universal de los Derechos Humanos, Asamblea General de las Naciones Unidas, res. 217ª (III), (París, 10 de diciembre de 1948)

enseñanzas y conocimientos de origen bíblico se han adaptado, modificado o inventado para hacerlos coincidir con la visión del cristianismo. Existen diferentes traducciones e interpretaciones de los textos sagrados que validan el cuestionamiento a los dogmas de esta fe.

En todas las civilizaciones antiguas –sedentarias– los derechos de las mujeres, sus deseos y sus cuerpos fueron secuestrados y mancillados. Aún hoy, en muchos lugares, son vendidas como esclavas o se les obliga a casarse por conveniencia. También se les castiga como si fueran animales o son asesinadas cuando intentan salirse de los parámetros impuestos por la cultura patriarcal. El cristianismo instaura el dominio del "macho" que anula cualquier intento de liberación del pensamiento femenino. Bajo este contexto, es lógico que algunas instituciones religiosas sigan negando el derecho de las mujeres para decidir sobre su cuerpo o determinar cuándo procrear. La Biblia, El Corán y otros textos sagrados no contienen, en esencia, prohibición o permiso expreso para dirigir el accionar humano en el tema de la sexualidad y de la procreación. Son los sacerdotes, los pastores o los guías espirituales quienes imponen los dogmas según su conveniencia, su visión del cosmos o la interpretación de los textos antiguos. Pero la *casta religiosa* –en su mayoría– ha resuelto actuar de espaldas a la razón. No está preparada para enfrentar los retos del mundo de hoy, los cuales rebasan ese contexto religioso.

El factor tecnológico también es importante en el análisis de la concepción humana. Los nuevos descubrimientos sobre la creación de vida a través de la técnica de la clonación han arrojado luz sobre las diferentes posibilidades o métodos que pueden ser utilizados para crear seres vivos. La clonación genera contradicciones entre la comunidad religiosa y científica. Suscita inquietudes de carácter moral y preocupaciones éticas en la medida que inquieta a la población por aspectos tales como: la identidad del ser humano, la procreación, el deseo de inmortalidad, la salud y la calidad de vida. La clonación humana intensifica los temores que subyacen en el consciente individual o colectivo y anula los intentos por comprender o reflexionar sobre las implicaciones éticas y sociales las cuales son negadas *a priori*.[62]

La posibilidad de clonar humanos ha pasado de la ciencia-ficción a constituir un hecho técnicamente posible. La concepción de vida puede lograrse por medio de la clonación de células que proceden de distintos organismos. La sociedad de nuestro tiempo tiene dificultad para asimilar esta realidad, pero conocemos que ahora podemos crear un ser viviente de una célula cualquiera, es decir, sin la participación de una célula femenina y de una masculina. Los científicos han logrado producir órganos a partir de células madre, de células provenientes de animales y de tejidos humanos. Algunas de estas técnicas están en etapa de prueba, pero son posibles y su utilización ha servido para salvar vidas. Los jerarcas religiosos en alianza con algunos dirigentes políticos han manifestado oposición o repudio a estas prácticas. Los líderes religiosos han obstaculizado, en la medida de sus posibilidades, los avances científicos que, según sus convicciones, contravienen las enseñanzas que ellos han inculcado por siglos en sus seguidores. Aceptar esta nueva ética sobre la vida les supone el riesgo de perder el poder que han ejercido sobre los fieles.

Desde el descubrimiento del genoma humano se han sucedido una serie de eventos los cuales desencadenaron una cantidad de avances científicos. Esta revolución en la ciencia de la biología ha logrado explicar, de una manera coherente, el origen y la evolución de los seres primitivos hasta lograr la clonación de animales y plantas con relativa facilidad. A

---

[62]   Nestor Torres Darias, *Clonación humana: oportunidades y riesgos*. Sociedad para el avance del pensamiento crítico, ARP. En: http://www.arp-sapc.org/articulos/clonacion.htm (Consultada enero de 2010)

pesar que existe prohibición –en algunos países– para clonar humanos, este es un hecho inminente que abre muchas interrogantes difíciles de despejar. La clonación humana pone en entredicho las enseñanzas tradicionales y las creencias religiosas más aceptadas.

Nadie duda de la capacidad del individuo para pensar, razonar y crear. Sin embargo, estas capacidades deben ser inculcadas, cultivadas o adquiridas. Difieren de acuerdo al conocimiento acumulado por cada persona a través de la familia, la educación formal y la vida, como práctica humana. Actualmente, no se reconocen grados de humanidad entre personas menos inteligentes, menos creativas o menos razonables que otras. No sería aceptable una propuesta en ese sentido. Sin embargo, cuando un delincuente asesina o daña a otra persona o su patrimonio, inmediatamente es tildado de vil, animal y otros epítetos, es decir, se le deshumaniza y se le adjudica a esta persona una categoría inferior a la humana basada en su comportamiento. Un cuestionamiento clave surge, entonces, cuando la clonación se hace evidente sobre la existencia humana ¿Cómo debemos comprender la conciencia del ser de este nuevo individuo? Estas y otras preguntas nos llevan a reflexionar sobre la norma jurídica del "derecho a la vida". Esta norma legal garantiza la vida a todos los individuos como un derecho fundamental de la persona. Sin embargo, sabemos que estamos destinados a morir tarde o temprano, es un hecho ineludible. La muerte entra en contradicción con la clonación humana y con el grado de conciencia del ser, cuestionamientos que se convierten en incertidumbres difíciles de resolver bajo los parámetros éticos actuales.

Un análisis textual de la Biblia nos permite reconocer, a simple vista, el enfoque patriarcal arraigado en la mentalidad etnocéntrica de los pensadores cristianos. El Génesis, primer libro contenido en La Biblia, describe al hombre como un ser superior en la escala de los seres vivos: el hombre como creación divina hecho a imagen y semejanza del Dios cristiano. En el primer capítulo se describe la forma en que este ser supremo creó al mundo, a los seres vivos –animales y plantas– y, por último, al hombre y a la mujer. Luego, otorga la potestad al ser humano para que disponga de todo ser vivo sobre la tierra para su alimento. El capítulo segundo narra como el hombre y la mujer cometen un supuesto pecado original al comer los frutos del árbol prohibido –árbol de la ciencia del bien y del mal–. Entonces, por causa de este pecado, Dios castiga a la mujer diciendo: "Multiplicaré tus trabajos y miserias en tus preñeces, con dolor parirás los hijos y estarás bajo la potestad o mando de tu marido, y él te dominará." Al hombre le dice: "Por cuánto has escuchado la voz de tu mujer, y comido del árbol de que te mandé no comieses, maldita sea la tierra por tu causa; con grandes fatigas sacarás de ella el alimento en todo el discurso de tu vida."[63] Entonces, de acuerdo al texto, Dios ordena que las mujeres permanezcan supeditadas al dominio de sus maridos. Además, deben parir con dolor, sin aprovechar la utilización de los avances tecnológicos que reduzcan el sufrimiento o salven sus vidas. Al hombre, por su parte, lo condena a desechar toda técnica agrícola y avance tecnológico que le permita cultivar más alimentos con menos recursos. Propuesta que, en la actualidad, condenaría a muerte por inanición a poblaciones enteras, por los altos niveles de crecimiento demográfico.

Sabemos que el ser humano es capaz de dar vida y, recientemente, ha desarrollado su capacidad de crear vida. Entonces es racional afirmar que puede regular el derecho a procrear, una potestad que le confiere el libre albedrío según la concepción cristiana. La religión, en ese sentido, es contradictoria porque sitúa al ser humano en el mismo nivel que Dios, puesto que le otorga la potestad de dar vida. Sin embargo, los líderes religiosos, por medio de los dogmas del miedo, prohíben interrumpir el proceso de concepción y alumbramiento. Esta limitante a la libertad

---

[63] Félix Torres Amat, *La Sagrada Biblia*. La casa de la biblia Católica. Ed. Sopena, Argentina. pp. 16-17.

individual, desde los dogmas religiosos, contribuye con el desbalance ecológico del planeta porque no permite una regulación sostenida de la población. Por aparte, el humano decide sobre otros seres según su conveniencia, regulando la población de animales que considera dañinos o que se han reproducido en demasía, por lo cual podrían representar una amenaza para el ecosistema. Es decir, que podemos ejercer control sobre la propagación de las especies, pero las religiones obligan al crecimiento demográfico para conservar los paradigmas de sometimiento en sus seguidores.

Los humanos debemos comprender que compartimos un espacio en el planeta con otros seres igualmente importantes y necesarios. Por tanto, en la medida en que respetemos el balance ecológico y mantengamos una explotación racional de los recursos estaremos en la tierra por más tiempo. El exceso de habitantes, en ciertas regiones del mundo, está causando daños al ambiente y perjudicando el hábitat de otras especies. En algunos países, como el nuestro, hay una población infantil a quien no se le puede alimentar. La comida, el agua y el empleo escasean; bosques, ríos y lagos están contaminados o secos; se ha perjudicado el balance ecológico y sobreexplotando la tierra; se ha causado la erosión del suelo y acelerado el cambio climático. Debido a la acción irresponsable del humano gran parte de las especies están en riesgo de desaparecer.

Es necesario reflexionar sobre el dilema de la curva demográfica en un mundo en donde hay pocas perspectivas para los menos aptos; donde gran parte de la niñez no puede acceder a los requerimientos mínimos de alimentación, educación y atención médica, entre otros, lo cual es riesgoso porque se convierte en un factor de violencia. El desconocimiento de los métodos de prevención para evitar embarazos ha ocasionado el nacimiento no planificado de gran parte de la población actual. Estos niños –potencialmente delincuentes– son una carga adicional en las finanzas del Estado, por los gastos en que incurre la administración pública para garantizar la seguridad ciudadana.

Los nuevos descubrimientos y recursos tecnológicos, en la ciencia de la biología, han forzado cambios en las legislaciones de algunos países. Por ejemplo, el aborto se ha despenalizado y es aceptado que en las primeras semanas de gestación el embrión no tiene la capacidad para sobrevivir fuera del útero materno. La concepción —unión de un óvulo con un espermatozoide— se considera una etapa del proceso de formación de la vida que termina de completarse con el nacimiento. Los avances de la medicina han logrado determinar en qué momento el feto posee un desarrollo adecuado para sobrevivir, lo que le permitirá convertirse en un ser humano. En otros países la polémica sobre este tema aún persiste.[64]

Existen otros métodos de planificación familiar que resultan menos violentos que el aborto, éste es solamente un recurso para control poblacional y, ciertamente, el más controversial. Sobre este tema, quienes muestran mayor oposición son los grupos religiosos más conservadores. El aborto debe ser una mecánica de última instancia para casos especiales. La mejor forma de evitar el aborto es la educación sexual. Los anticonceptivos, la abstinencia y la esterilización forman parte de la educación sexual.[65] La Iglesia Católica tiene una visión represiva sobre la conducta humana, pero no es la única. Para el caso de Guatemala, la Iglesia Católica y algunas iglesias protestantes se oponen, sistemáticamente, a la educación sexual integral y a la planificación familiar porque contraviene a sus intereses tal como lo hemos expresado.

---

[64] Alejandra Álvarez, *El Aborto es Práctica Común*. En: Prensa Libre (Guatemala, 24 de enero de 2010) p. 12.

[65] J. Osorio, C. Bonillo, y C. Méndez V., *Disputa por la Planificación Familiar*. En: Prensa Libre (Guatemala, 22 de noviembre de 2009) pp. 2-3.

Con los avances tecnológicos surgen nuevos hallazgos sobre el origen de la vida, por tanto, las ideas también van cambiando. Las iglesias, poco a poco, pierden su poder de convocatoria y su poder de convencimiento al quedar invalidados los dogmas en que se sustenta la fe. Resulta más difícil controlar –alienar– a una población mejor informada. Algunos jerarcas católicos consideran que orientar sobre el sexo provoca promiscuidad y relaciones sexuales precoces. Creen en la abstinencia como recurso para evitar los embarazos, algo que no se ajusta a la forma de vida de los jóvenes y adultos en el presente. Se les impone una moral apartada de la realidad.

Desde una visión *adultocéntrica* se instruye sobre lo que es permitido y lo que es pecado. La actitud hacia la educación sexual no debe ser la que prohíbe, asusta, castiga o se escandaliza frente a una foto sugestiva, mas no se indigna frente a la pobreza extrema. Existe una moral acomodaticia entre lo que se enseña o los hombres y a las mujeres. Este es otro problema que no contemplan los que defienden el abstencionismo como método de planificación. Se educa a las mujeres a no ceder ante las presiones de los hombres, a no dejarse seducir, mientras que a ellos se les inculca, desde la cultura patriarcal, a seducir e incluso a mentir para lograr la mayor cantidad de relaciones sexuales. Otros aprenden conductas machistas y violentas contra la mujer en los círculos familiares o sociales y las obligan al sometimiento sexual. La educación sexual es el aprendizaje de todo lo que protege la vida en su integralidad, con posiciones libres y responsables que permiten vivir la vida a plenitud.

Los guías espirituales –algunos sacerdotes y pastores– que predican la abstinencia entre sus fieles, como método permitido para espaciar los embarazos son quienes, en ocasiones, han procreado hijos de manera irresponsable. Varios de estos individuos han abusado de niños y niñas obligándoles a mantener relaciones sexuales durante años. Este tipo de relaciones, la pedofilia, violentan los principios religiosos que dicen defender. Esta conducta ha tenido lugar con la complicidad de las autoridades eclesiásticas. El celibato ha sido una argucia de la Iglesia Católica y la solvencia moral de los sacerdotes está, cada vez más, en entredicho. Condenan a los fieles por cometer actos lascivos mientras ellos violan niños, engendran hijos y en casos recientes se sabe que los han abandonado a su suerte sin siquiera procurarles alimento y cuidados básicos. ¿Cuántos pastores protestantes han violentado sus principios de fidelidad, han derrochado el dinero a manos llenas en burdeles y han traicionado los principios fundamentales de su moral? No se deben permitir estas acciones, ni aceptar que sean estas personas, con sus fallas y desviaciones quienes opinen y orienten sobre la sexualidad, la planificación familiar o el estilo de vida de otros individuos.

Las poblaciones han crecido porque las tasas de natalidad se incrementan de una manera exponencial y las tasas de mortalidad disminuyen como consecuencia de los avances científicos. Las expectativas de vida, incluso en el tercer mundo, han aumentado. En países desarrollados, que poseen mayor nivel educativo, el crecimiento demográfico se ha reducido drásticamente. El impacto que ha tenido la implementación de métodos de planificación familiar patrocinados por organismos internacionales, gobiernos, fundaciones y organizaciones privadas ha determinado, en gran parte, el descenso en los nacimientos. La amplia disponibilidad de métodos anticonceptivos como la píldora, los dispositivos intrauterinos y la esterilización ha determinado un fuerte aumento de la contracepción. Pero en los países en vías de desarrollo sucede todo lo contrario.

A pesar de los esfuerzos por frenar el crecimiento demográfico la población mundial aumenta. El incremento de esta curva demográfica se debe también al descenso de las tasas de mortalidad. Ello obedece a los avances registrados en materia de higiene pública, sanidad y nutrición. La interacción de estos elementos ha elevado la esperanza de vida, que para

1900 tenía un índice de 47 años, hasta los 70 años en la mayoría de los países desarrollados. Las tasas de mortalidad en estos países han descendido del 35%, en 1775, al 9% en el 2009, y del 38% al 12% en los países en vías de desarrollo durante el mismo período. La mortalidad infantil, es decir, los fallecimientos debidos a cualquier causa antes de que el niño cumpla un año de edad, se ha reducido drásticamente en los países desarrollados, pero sigue siendo elevada en regiones en vías de desarrollo. En 1982 se producían 5 fallecimientos anuales por cada 1.000 niños en Islandia, 11 en España, 150 en Nepal, 205 en Afganistán y 212 en el Estado democrático de Camboya, en el sureste asiático.[66]

En países como Guatemala existen muchas familias numerosas que son producto de la visión patriarcal que se transmite en las iglesias y en el seno de los hogares tradicionales. La misma se fundamenta en que la mujer está destinada únicamente a la procreación. Debido a los tabúes religiosos, se condenan los métodos de prevención del embarazo sin tener un fundamento ético ni conocimientos científicos. Algunas veces, una prole numerosa es fruto del *determinismo teológico*[67], que promueve dejar a los designios de Dios el número de hijos que se debe engendrar. En otros casos es la ignorancia que prevalece entre los pobladores de escasos recursos. Los gobiernos han sido influenciados por estas corrientes de pensamiento teológico y se han doblegado ante los líderes religiosos porque vivimos en una sociedad conservadora.

El Estado guatemalteco es laico –separado de la religión– por ende debe actuar al margen de los grupos de presión religiosa. Sin embargo, la

---

[66]   En: http://www.unicef.es/contenidos/768/index.htm?idtemplate=1 (Consulta, diciembre 2009)

[67]   Determinismo teológico. Doctrina que afirma que todos los acontecimientos de la naturaleza están sometidos a la acción de leyes universales de carácter causal, de modo que unos derivan, necesariamente, de otros, según una cadena de causas eficientes. El determinismo teológico quedaría encadenado a la suma de acciones humanas sobre la fe irremediablemente.

práctica política demuestra que estos líderes espirituales influyen directamente en algunas decisiones de Estado. Las iglesias tienen como doctrina la enseñanza de la fe y la relación del ser humano con la espiritualidad de lo divino. Generan pautas morales de condena y castigo sobre las prácticas sexuales, pero la relación instintiva del ser humano, en cuanto a la procreación, hace que se transgredan estas pautas porque no corresponden a la vida misma. En consecuencia, interferir de una manera tan violenta en la conducta humana excluyendo los métodos anticonceptivos, las relaciones sexuales y la libertad de hombres y mujeres para amarse, ha hecho que las personas manejen una falsa moral.

Los clérigos y pastores religiosos han financiado, a lo largo de la historia, la construcción y mantenimiento de sus templos con dinero proveniente de los fieles a quienes esquilman a través del diezmo o las ofrendas.[68] Habrá que ampliar los criterios sobre la fe para que las personas tengan la potestad de elegir sus dogmas, así como la prosperidad y el bienestar de su familia. Las autoridades eclesiásticas emiten las sentencias religiosas sobre la reproducción humana, pero no deben intervenir en las políticas de un Estado laico, cuyo deber es organizar y promover campañas de información entre las mujeres y los hombres, para dar a conocer los avances científicos y tecnológicos que les permitan evitar los embarazos no deseados.[69]

El método "natural" o método Billings[70] promovido y aceptado por algunas iglesias no es seguro, debido a la dificultad para llevar un control efectivo de los períodos fértiles de la mujer. Una mayoría de mujeres, en Guatemala, son analfabetas, viven en poblaciones rurales de difícil

---

[68] Diezmo. Parte de los frutos, regularmente la décima parte que pagaban los fieles a la Iglesia.

[69] Jéssica Osorio, *Emiten Reglas para Salud Reproductiva.* En: Prensa Libre (Guatemala, 31 de octubre de 2009) p. 2.

[70] En: http://www.corazones.org/moral/billings/billings.htm (Consultada noviembre de 2009)

acceso, por ende, no tienen capacidad para darle un seguimiento adecuado a este método. Además, la conducta machista hace que las mujeres sean sometidas violentamente a tener relaciones sexuales no importando el día ni la hora. En consecuencia, el método "natural" solamente ha servido para que las mujeres sigan teniendo embarazos no deseados. Por aparte, los habitantes del área rural no cuentan con recursos económicos para la compra de anticonceptivos, consultas médicas o dispositivos de control natal, entre otros, que les permitan tener una vida sexual plena sin procrear. Una crisis inminente por el crecimiento de la curva demográfica se anuncia. Para paliar esta situación las instituciones gubernamentales deben proporcionar información, insumos y personal capacitado que cubra este servicio de salud reproductiva. Se debe prestar atención especial a las comunidades más remotas del país. La densidad demográfica ejerce presión sobre los recursos del Estado que tiene la obligación de proveer todos los servicios básicos a la población. Esta población empobrecida no aporta suficiente –pago de impuestos– a las arcas nacionales, sus niveles de consumo son bajos por lo que no contribuyen, de manera efectiva, al sistema productivo pero son quienes más drenan los recursos del Estado.

Para avanzar en la posible solución del problema, debemos empezar por romper con todas las creencias ancestrales del determinismo teológico y las conductas patriarcales. No es conveniente que las personas sin recursos accedan a tener una prole que no pueden mantener. En este sentido, es necesario que se actúe de manera responsable. La educación sexual también debe llegar a los padres, sean éstos hombres o mujeres, casados o solteros, con o sin recursos. Esta instrucción debe provenir de personas especializadas y bien entrenadas. Todos por igual –sin discriminación– deben tener acceso a información sobre los métodos anticonceptivos. Se puede disminuir la marginación de la mujer al permitirle decidir sobre el número de hijos que puede cuidar. La sexualidad ha sido uno de los temas más rígidos de imposición ideológica y autoritarismo extremo por parte de las doctrinas religiosas hacia la población. Estas doctrinas han usado la coerción, por medio de la culpa, con respecto al acto sexual. Una imposición de pautas culturales sectarias de las cuales algunos jerarcas se benefician. En contrasentido, el aprendizaje de la sexualidad debe hacerse con naturalidad y responsabilidad.

La información proveniente de fuentes instruidas –maestros, autoridades pedagógicas o comunidad científica– sobre el tema de la educación sexual se debe complementar con la información que se proporciona dentro del hogar. Es importante que los padres se mantengan vigilantes sobre los contenidos que se imparten en las escuelas, sin intervenir de una manera directa con sus dogmatismos. Los educandos, una vez asimilada la información, tienen mejores herramientas para ejercer su libertad, de esa forma, pueden tomar decisiones correctas en el momento oportuno. Se debe crear una escuela de padres, con similares contenidos sobre educación sexual, que permitan una adecuada comunicación intergeneracional.

Una educación sexual integral les permite a los individuos conocer y desarrollar sus potencialidades en esta materia. Con las nuevas leyes que se están implementando en Guatemala y otras partes del mundo sobre la salud reproductiva, se espera disminuyan los índices de mortalidad materna. Con ellas se promueve la procreación responsable, el espaciamiento de los embarazos y la prevención en la morbilidad de los neonatos, especialmente entre la población rural indígena. Las mujeres son un elemento esencial en la educación sexual de la siguiente generación. Tradicionalmente les ha sido vedado el derecho de informarse, de saber y de tener acceso a los métodos de planificación familiar adecuados. La falta de recursos, la desinformación y el miedo a las conductas machistas las mantienen sometidas, sin tener control de su cuerpo. Como un ejemplo clave, las mujeres de varias comunidades rurales en Guatemala están pidiendo que les enseñen a planificar, pero les preocupa la reacción de sus esposos y de los líderes religiosos. Estas mujeres manifiestan que no soportan la presión de tantos hijos, a quienes no pueden darles de comer porque dependen del salario de sus esposos, el cual no alcanza para cubrir las necesidades de una prole numerosa.[71]

Recientemente se promulgó en Guatemala la "Ley de Acceso Universal y Equitativo a los Servicios de Planificación Familiar" y su integración al Programa Nacional de Salud Reproductiva.[72] El fin de esta ley es que las personas puedan tomar decisiones libres y voluntarias sobre su sexualidad. Esto contribuye a las relaciones seguras, placentera, libres de coerción, discriminación y violencia que, además, permiten al individuo ejercer la libertad de procrear o no. El desafío de esta ley es llegar a la población joven antes de que inicien su actividad sexual. Entre los temas se tiene proyectado hablarles sobre el VIH o sida, las enfermedades de transmisión sexual, el autoerotismo, los métodos anticonceptivos, las orientaciones sexuales diferenciadas y otros temas un poco más polémicos como el aborto y el placer sexual a través del clímax. A los jóvenes se les debe enseñar sobre los órganos sexuales con naturalidad, además de promover conocimientos, actitudes y valores sobre noviazgo, planificación, embarazo, comunicación con la pareja y paternidad responsable.

La sociedad guatemalteca es una sociedad conservadora con muchos tabúes y temores. Este perfil social nos impide informar a los niños y jóvenes sobre las partes genitales, prácticas de sexo oral o placer sexual. La juventud obtiene información sobre la sexualidad a través de los

---

[71] Fernando Magzul, *Quieren Planificar.* En: Prensa Libre (Guatemala, 13 de noviembre de 2009) p. 46

[72] En: http://www.oj.gob.gt/es/QueEsOJ/EstructuraOJ/UnidadesAdministrativas/CentroAnalisisDocu mentacionJudicial/cds/CDs%20leyes/2005/pdfs/decretos/D087-2005.pdf (Consultada enero de 2010)

medios audiovisuales, véase Internet, la cual es explícita, brutal y pornográfica. Con una buena orientación sexual, los seres humanos tienen el potencial para gozar de una vida plena con menos riesgo de caer en comportamientos inapropiados, como la violación, el incesto, la pedofilia y otras aberraciones que se manifiestan en todos los estratos de la sociedad. A una generación de adultos, educada bajo parámetros conservadores, se le dificulta hablar abiertamente con los hijos sobre la sexualidad. En los centros educativos lo pueden hacer personas mejor informadas y entrenadas con criterios de responsabilidad.

Es necesario informar apropiadamente a los padres sobre la sexualidad para que establezcan el diálogo con sus hijos. Con esta orientación se pueden prevenir embarazos en las adolecentes. La posición religiosa indica que los padres eduquen sexualmente a los hijos pero, sin contar con criterios suficientes, la propuesta no es del todo responsable. Por aparte, se pueden presentar casos especiales en los que la madre es una sexo servidora o el padre es un aberrado sexual. En estos casos, los padres no pueden orientar correctamente por su misma condición. Si las madres han sido violadas y han quedado con daños emocionales o son personas analfabetas que viven bajo el dominio patriarcal, no tienen un perfil adecuado para educar a sus hijos. La información proveniente de estos padres y madres, en adición a las malas prácticas, puede ser muy perjudicial para la siguiente generación. Tampoco conviene dejar en manos de padres inexpertos, avergonzados o tímidos la educación sexual de los jóvenes, porque no poseen conocimientos adecuados ni tienen entrenamiento didáctico para abordar correctamente los temas. En casos especiales, habrá padres y madres que sean capaces de cumplir esa tarea que se vislumbra complicada y esencial.

Es apropiado que las instituciones privadas, fundaciones y organizaciones no gubernamentales inviertan recursos para diseñar programas eficientes que contribuyan a fomentar actitudes de procreación responsable. Los anteproyectos, los estudios, incluso los viajes al exterior para capacitarse son necesarios, pero se debe guardar una ponderación entre los recursos reservados a la planificación y los destinados a la ejecución de los proyectos. Algunas instituciones promueven programas dirigidos a evitar el alcoholismo, la drogadicción y el incesto, problemas muy frecuentes entre los pobladores del área rural guatemalteca. El aunar esfuerzos, de varias instancias, puede contribuir a mejorar el nivel educativo que favorece la disminución de la violencia intrafamiliar en las comunidades.

Todo recurso dirigido a tratar la problemática de la planificación familiar es fundamental, pues, el crecimiento de la curva demográfica en Guatemala es alarmante. Uno de los factores que incide en este crecimiento demográfico es la alta tasa de analfabetismo entre las mujeres. La madre transmite las pautas culturales del patriarcado a los hijos, les inculca los mismos conocimientos y tradiciones que recibió en su hogar. La mayoría de las jovencitas al llegar a la adolescencia no conocen del mundo, sin embargo, están destinadas a ser reproductoras y a servir a los hombres. Un alto porcentaje de estas muchachas no tienen idea de cómo se produce la concepción, muchas veces su ignorancia las hace caer en manos de sujetos que las engañan o las violan, convirtiéndolas en madres solteras. Las niñas que han crecido en un ambiente machista son, por lo general, abusadas por el padre, el padrastro o algún familiar cercano, quien, en muchas ocasiones, las embaraza. Estas niñas convertidas en madres deben cargar con el estigma social, pero además, mantener, alimentar y educar a estos hijos no deseados. En otros casos, por razón de su origen, los niños son abandonados y ni siquiera son inscritos en el registro de ciudadanos, por lo cual carecen de identidad civil. Al no tener un registro de nacimiento, tienen dificultad para inscribirse en la escuela o recibir beneficios de los programas estatales y privados. Estos individuos, por el abandono, sufren de problemas psicológicos, marginación, falta de atención y la gran mayoría engrosan las filas de las llamadas "maras"[73]. Los niños, fruto de la violencia doméstica, se conviertan en personas resentidas, en antisociales con alta probabilidad de terminar como delincuentes.

La pronosticada *implosión demográfica*[74] es, hasta ahora, una falacia. La población sigue creciendo de forma alarmante y quienes se oponen al control de la natalidad están contribuyendo a extender la pobreza, el hambre y la muerte de miles de seres humanos. Cada individuo consume recursos y contamina el ambiente con desechos de todo tipo. La sobrepoblación, en ciertas regiones, agrava la crisis ecológica y profundiza los problemas sociales. Creemos que el temor a un invierno demográfico[75] o implosión demográfica está lejos de ser realidad en los países subdesarrollados. Sin embargo, en Europa cunde la alarma entre los pobladores naturales, quienes con una posición marcadamente *eurocéntrica* se oponen a la inmigración que ha venido paliando el aparente déficit poblacional provocado por la baja tasa de natalidad en la región.

El continente europeo tiene una disminución de su producción agrícola por el agotamiento de las tierras y la falta de agua como consecuencia de los fenómenos climáticos. Además, las crisis financieras han ocasionado que países como España, Portugal y Grecia, con endeudamientos exagerados, tengan dificultades para mantener los niveles de empleo de sus habitantes y de los inmigrantes, quienes llegan en busca de oportunidades para tener una vida digna. La tasa de natalidad ha disminuido entre los habitantes - lingüísticamente diferenciados- naturales de Europa, en contraposición, los niveles de crecimiento económico no están en capacidad de soportar a la

---

[73] Maras: Pandillas juveniles actualmente al servicio del crimen organizado.

[74] En: http://es.wikipedia.org/wiki/Implosi%C3%B3n_demogr%C3% (Consultada marzo de 2010)

[75] Marta Salazar, (17 de febrero 2007)En: http://www.wikio.es/article/13145258 (Consultada marzo de 2010)

población económicamente activa.[76] La solución migratoria no es bien vista, debido a las actitudes xenofóbicas del europeo nativo. La población exhibe un marcado etnocentrismo frente a los inmigrantes, provenientes en su mayoría de la región subsahariana y de Europa del Este, que constituyen una amenaza para la estabilidad de esa región. Una inmigración descontrolada apunta a la exacerbación de los conflictos por la distribución de la riqueza, por el sostenimiento de las pensiones para los ancianos y por el rechazo a las culturas ajenas.

Por otra parte, los jóvenes, al integrarse a la población económicamente activa, contribuyen a aumentar los ingresos del Estado y aportan para sostener los planes de pensiones de los adultos mayores. Cuando esta población joven crece de manera desproporcionada, también se amplía la contaminación, se consumen recursos naturales que son progresivamente más escasos y demandan servicios al Estado. Al no poder cubrir las necesidades de la población se crean las condiciones de violencia – convulsiones sociales– y, en consecuencia, pobreza. Para emplear a esta creciente población joven se proyectan nuevas fábricas o negocios que se suman al consumo de recursos naturales y contaminación, lo que es contraproducente en muchos aspectos. Basta ver los estragos que las fábricas Chinas ocasionan al ambiente contaminando ríos, lagos y demás recursos.

La edad promedio de la población en Europa es más alta que en otras regiones. Países como Haití, India o China, con población más joven, tienen un crecimiento demográfico alto, comparado con la cantidad de recursos naturales disponibles. Pese a los esfuerzos para disminuir este crecimiento, las proyecciones para el 2020 y 2050, siguen escalando niveles alarmantes. Se espera un incremento de mil a dos mil millones de

---

[76] En la actualidad, España tiene un porcentaje de desocupación del 20%.

seres humanos adicionales para mediados del siglo XXI. El sistema productivo no es capaz de ofrecer empleo de calidad para personas con educación deficiente. Por eso las regiones menos desarrolladas tienen problemas para combatir la pobreza y el hambre. Estos países han sido objeto de saqueo y han mermado sus recursos naturales. El siglo XX estableció la institucionalización del sistema republicano con la democracia representativa como un modelo para todos los países del orbe. Sin embargo, los llamados países en vías de desarrollo, que han sido objeto de este despojo, son presa fácil de la corrupción y de los conflictos sociales, por lo que sus oportunidades se ven amenazadas. El Estado no tiene la capacidad de brindar los servicios educativos que la población requiere, lo que incrementa los índices de analfabetismo y la ignorancia se traduce en una mayor incidencia de pobreza.

Las implicaciones del fenómeno de envejecimiento, pueden ser variadas pero no siempre dañinas. En países con un crecimiento demográfico cero, como Uruguay, las personas de edad madura son productivas más allá de la edad de retiro. La población trabaja por más años para lograr cuotas de pensión más altas que les permiten disfrutar de un nivel de vida aceptable. Algunos adultos mayores realizan tareas de limpieza en parques o restaurantes, otros se desempeñan como guardianes, jardineros o meseros, oficios que les mantienen ocupados y económicamente activos. La calidad de vida de estas personas es alta, su nivel de satisfacción también, puesto que se sienten útiles a la sociedad por más tiempo.

La sobrepoblación, en algunas regiones, no es un mito. La humanidad no ha logrado encontrar el balance entre el crecimiento económico y la preservación sostenible de los recursos naturales. Si comparamos a un niño que nace dentro de una familia integrada y acomodada en un país desarrollado, cuyos padres pueden proveerle de techo, educación y salud, suponemos que tiene mejores oportunidades de convertirse en un ser humano productivo; por el contrario, si un niño nace en un lugar inhóspito, sin ropa, sin techo ni alimento, con padres verdaderamente pobres y desnutridos, determinamos que no tiene oportunidades, incluso, de sobrevivencia. Hay millones de seres humanos muriendo de hambre, niños enfermos, padres que sufren. Es necesario evitar que más personas vengan al mundo en esas condiciones y se conviertan, si saberlo, en verdugos del planeta. El destino que les espera a estas personas es la condición de pobres. Una parte de la población vive, ahora, en extensos asentamientos de refugiados como consecuencia de los conflictos sociales. Estos asentamientos son financiados, en parte, por las organizaciones humanitarias. En los mismos, los habitantes luchan por su sobrevivencia en condiciones de penuria. Las organizaciones benéficas, por causa de la crisis económica, poseen menos recursos para alimentar a esa muchedumbre de hambrientos.

Por todo lo expuesto, la mejor manera de prevenir las hambrunas continuadas, los desbalances ecológicos y la contaminación es el control del crecimiento demográfico como herramienta para evitar el caos y el colapso de la humanidad. Se deben fijar límites a la tasa de natalidad en las áreas de mayor riesgo, las regiones propensas a los conflictos sociales en donde los recursos naturales están desapareciendo y el medio ambiente ha sido degrado en extremo. Sin una conciencia sobre los efectos ocasionados por la sobrepoblación en el equilibrio ecológico, no se pueden implementar acciones dirigidas a mejorar la calidad de vida de los habitantes y su relación con el entorno natural. Las políticas públicas en torno a la educación sexual y la procreación responsable son elementos clave que, sumados a otros de igual importancia, inciden en el bienestar de la población a nivel mundial.

Capítulo VI

Del etnocentrismo a la discriminación

Todos los seres humanos poseemos una identidad étnica que nos define.[77] La misma comprende marcadores culturales tales como la nacionalidad, la religión, la lengua y las tradiciones. El elemento biológico racial, es un concepto asociado a la etnia, pero únicamente alude a las características antropofísicas de un grupo humano.[78] Guatemala es un país en donde se conjugan grupos con grandes contrastes culturales, por ello se producen casos de discriminación, los cuales se acrecientan por el proceso de hibridación y mestizaje entre las múltiples etnias. En esta fusión cultural se impone el modelo occidental ladino como grupo dominante. En el caso de Guatemala la identidad étnica está determinada, principalmente, por factores como el idioma, la fe y la vestimenta. La modernización y los cambios que produce la globalización por la que atraviesa la humanidad, imponen una evolución progresiva con tendencia al mestizaje en donde la hibridación juega un papel preponderante.[79]

En años recientes, el acceso a una educación superior por parte de las élites indígenas, consolida su ingreso a los círculos sociales, académicos y políticos. Espacios que les fueron vedados pero que ahora se abren, algunas veces, para servir exclusivamente a los intereses de grupo. Esta condición ha sido utilizada para denunciar sistemáticamente las acciones discriminatorias en contra de los grupos indígenas. Por ello, escuchamos con frecuencia, entre personas de los medios, en reuniones sociales o en actividades académicas, el uso inadecuado de vocablos tales como:

---

[77] En: http://www.antropos.galeon.com/html/etnicidad.htm (Consultada febrero de 2010)

[78] La palabra "etnia" significa "gentil", proveniente del adjetivo griego *ethnikos*. El adjetivo se deriva del sustantivo *ethnos*, que significa gente o nación extranjera.

[79] Néstor García Canclini, *Culturas Híbridas, estrategias para entrar y salir de la modernidad.* Editorial Paidos (Buenos Aires, Argentina 2001)

racismo, exclusión, marginación, discriminación o inequidad. Estos términos en una aparente similitud de acepciones, se utilizan para describir situaciones, muchas veces, cotidianas en las que individuos diversos manifiestan sus opiniones, sus preferencias e incluso sus frustraciones e intolerancia con respecto a los otros. Surge, entonces, el etnocentrismo, como una forma de ver el mundo según una concepción propia, como criterio único para explicar el comportamiento de individuos, grupos o sociedades.[80]

Se debe considerar de suma importancia la interpretación adecuada de los términos utilizados para describir las diferentes situaciones que se manifiestan en la práctica de las relaciones humanas. Algunas personas que provienen de los sectores más radicales manejan conceptos tergiversados sobre la discriminación, marginación, exclusión, desigualdad o inequidad. Comprendemos que discriminar significa: dar trato de inferioridad a una persona o colectividad por motivos raciales, religiosos, políticos, entre otros. También es la acción de diferenciar, distinguir o separar un elemento de otro. La discriminación es una situación en la que, a una persona o grupo se le confiere un trato desfavorable por causa de los prejuicios culturales. Actualmente, existe en la práctica una discriminación positiva por medio de la cual se da trato preferencial a una persona o grupo para beneficiarlo por sus diferencias que pueden ser por su raza, orientación sexual, religión, rango socioeconómico, edad, discapacidad y otros aspectos que se estiman en situación de desigualdad. Definimos el significado de excluir como el acto de aislar a una persona del lugar que ocupa o negar la posibilidad de algo. Marginar está conceptualizado como: preferir a un sujeto dejando a otro en condiciones sociales, políticas o legales de inferioridad.[81] La marginación o exclusión apunta a una situación

---

[80] En: http://etnocentrismo.com/ (Consultada marzo de 2010)
[81] Marginar y excluir –para el caso que estudiamos– tienen las mismas aplicaciones por lo que serán utilizados como sinónimos. En:

social de desventaja económica, profesional, política o de estatus social, entre otras, producidas por la dificultad que tiene un grupo o persona para ser socialmente aceptado. La marginación puede ser el efecto de prácticas explícitas de discriminación o segregación que aíslan a un grupo social determinado negándole las oportunidades para desarrollarse plenamente.[82]

Por aparte, se utilizan otros vocablos para indicar funciones comparativas como la igualdad frente a la desigualdad. Esta última define situaciones en las cuales los ciudadanos de una misma sociedad o país no son partícipes de los mismos derechos, obligaciones y oportunidades de acceso a bienes o beneficios. La desigualdad se combate, en muchos países, por medio de una legislación en materia de igualdad de oportunidades para obtener empleo, vivienda, servicios y bienes. Esta definición, al igual que la equidad o inequidad, están sujetas a interpretaciones particulares. La equidad es vista como la propensión a dejarse guiar por el sentimiento del deber o de la conciencia. Es decir, que no se rige por las prescripciones rigurosas de la justicia o de la ley. Está relacionada con la justicia pero con un concepto humano. Entonces, la inequidad es interpretada como la ausencia de justicia social.

La discriminación es inherente a la naturaleza humana por la visión etnocéntrica del individuo para comprender su mundo. Los seres humanos se discriminan unos a otros por razones diversas: políticas, religiosas, científicas e intelectuales. También por disputas de tipo económico o por la posesión de bienes. Las discrepancias originan animadversión y deterioran las relaciones entre individuos o grupos y, a la larga, generan odios, conflictos o guerras. Estos conflictos entre grupos, que muchas veces pertenecen a la misma categoría social, se manifiestan por medio de la discriminación. La misma nace de una posición individual o colectiva para

---

http://buscon.rae.es/drael/SrvltConsulta?TIPO_BUS=3&LEMA=Rae/Noticias.nsf/portada?Read Form

[82] En: http://diccionario.sensagent.com/marginacion/es-es/ (Consultada marzo de 2010)

expresar su rechazo a la condición de los otros. La discriminación positiva es un esfuerzo por revertir las acciones discriminatorias hacia los grupos que históricamente han sido marginados o excluidos de las oportunidades. Pero este esfuerzo puede convertirse en un acto prejuicioso en sí mismo, cuando un grupo o persona es discriminado o despojado de un derecho en favor del otro al que se quiere proteger.

Existe una sistemática y violenta destrucción de los lazos culturales, los perfiles nacionales se han ido diluyendo, conformando, poco a poco, una sociedad mediatizada, homogenizada mediante las pautas de consumo que impone el mercadeo internacional. Las migraciones masivas han conformado estas sociedades cosmopolitas que, paradójicamente, no han diluido las diferencias sino que han profundizado la discriminación. El poder adquisitivo de una persona es uno de los parámetros de segregación más utilizados en la sociedad moderna.

En Guatemala, como en otros países del mundo, se producen a diario casos de discriminación, marginación o exclusión por motivos diversos. En ese sentido, no extraña que las prácticas discriminatorias hayan permeado todos los estratos sociales, lo que permite que se produzcan casos graves que requieren la intervención de los órdenes legales. Como ejemplo, en algunas oficinas públicas, los burócratas suele dar trato preferencial a las personas con mayor poder adquisitivo, a los amigos, parientes, recomendados de los funcionarios públicos y a quienes ofrecen comisiones, propinas u otras prebendas que constituyen actos de corrupción.

En la empresa privada también se dan casos de discriminación. Muchos de ellos se producen por desconocimiento de las relaciones humanas o por la ignorancia de las leyes que castigan estas prácticas. Los empresarios, muy pocas veces, se preocupan por instruir al personal de atención al público sobre la importancia de mantener la armonía y la cordialidad con todo tipo de personas. Por tal motivo, surgen situaciones tensas que tienen consecuencias serias para las probabilidades de éxito de las empresas. Por una parte, se producen casos de exclusión o marginación mediante los cuales se niegan las oportunidades de ascenso a individuos provenientes de ciertos grupos históricamente discriminados como las mujeres, los indígenas, los discapacitados o los homosexuales. Personas que, eventualmente, pueden reportar beneficios económicos a la empresa cuando ejecutan cargos de decisión o de mayor creatividad. En ocasiones, los empleados son quienes se marginan o excluyen entre sí, lo que puede provocar situaciones que generan un ambiente poco agradable en la empresa, que disminuye la productividad.

Otro escenario grave se presenta cuando los empleados dan trato discriminatorio a los clientes por considerar, según su criterio, que no poseen las calidades requeridas. En estos casos, el personal –especialmente vendedores o encargados de atención al público– se convierten en juzgadores, personas "doctas" que clasifican a los individuos por su apariencia, lo que constituye un juicio poco acertado, que puede incidir en menor rentabilidad para las empresas. ¿Cuántos bienes se dejan de vender? ¿Cuántos negocios se truncan? Sin lugar a dudas, la discriminación produce daños económicos incalculables.

Todas las personas, unas más otras menos, han sido discriminadas en algún momento de sus vidas. A veces, es por desconfianza o miedo hacia ciertos grupos definidos como violentos. Por ejemplo, cuando una persona de apariencia desaliñada ingresa a un negocio, es lógico que los empleados la prejuzguen y sientan temor de ser víctimas de un asalto. Un alto porcentaje de hechos criminales los realizan personas que penetran en los comercios haciéndose pasar por clientes. En estos casos el personal toma las precauciones debidas. Sin embargo, no siempre se tiene talento especial para calificar a un potencial cliente por su apariencia. En el sur de Estados Unidos las personas de tez negra son discriminadas porque se les asocia con la delincuencia y la pobreza.

En sociedades modernas, con economías altamente desarrolladas, las personas con mayor poder adquisitivo, frecuentemente, discriminan a otras de menores recursos. Estas a su vez discriminan a los más pobres. Las diferencias socio-económicas entre estos individuos son a veces tan pequeñas e imperceptibles como poseer un carro de un modelo anterior, tener una casa más lujosa o poseer un acervo intelectual superior. La discriminación es evidente en todas partes del mundo. En los países pobres las desigualdades tienden a originar hechos violentos a diario. Pero Estados Unidos es el país en donde se ejecutan la mayor cantidad de crímenes de odio por cuestiones raciales y religiosas.

Los pueblos indígenas pertenecen a la escala más baja en los indicadores de desarrollo humano. Son los que sufren los más altos índices de pobreza. Por mucho, tienen mayor dificultad de acceso a los empleos bien remunerados, son constantemente excluidos o marginados de la atención en materia de salud, educación y demás servicios básicos. Esto se debe, en parte, a que muchos viven en lugares aislados. Algunas poblaciones con mayoría indígena suelen discriminarse mutuamente. Tiene que ver con el traje regional, el idioma y la cosmovisión. La brecha lingüística se convierte en otra barrera que se agudiza por la condición conservadora de sus comunidades. También, la automarginación juega un papel relevante, por cuanto las comunidades aisladas desean conservar su cultura. Los seres humanos poseen un natural rechazo hacia lo nuevo y diferente. Además, desde el punto de vista etnocéntrico, a pesar de tener en apariencia las mismas costumbres e intereses, los grupos indígenas son excluyentes entre sí. Las mujeres son víctimas de la marginación y el abuso.[83] Sufren discriminación de género por parte de su comunidad debido a las construcciones sociales de sumisión y subordinación hacia la autoridad masculina.[84]

La discriminación, en ocasiones, se confunde con la marginación o exclusión, debido a que existen actitudes socialmente aceptadas que frecuentemente se transgreden –convención social– lo que provoca el rechazo de un grupo hacia otro. Se excluye a las personas por su aspecto, la manera de conducirse, las tradiciones o cuando su comportamiento no encaja en el marco social de su comunidad. Se trata de situaciones "normales" que se originan en el rechazo a la otredad. Algunas personas provenientes de distintas categorías raciales son rechazadas no por sus cualidades genéticas, sino por razón de su arreglo personal, la forma de hablar o la manera de conducirse. Otras personas son admitidas dentro de ciertos grupos únicamente si se adaptan a la convención social. La discriminación queda evidenciada cuando una persona, a pesar de reunir las cualidades requeridas, es rechazada por su condición racial, religiosa o su capacidad de consumo, entre otras.

El panorama es más complejo cuando la exclusión se produce en hospitales o en oficinas públicas. El personal encargado de atender a los pacientes o a los usuarios de servicios debe cumplir con la obligación de dar trato igualitario a todos y estar atento para no ser acusado por discriminación. Como ejemplo, cuando un indigente o una persona de apariencia humilde es llevada a un hospital nacional porque requiere de atención médica urgente y, sin embargo, no es atendido con prontitud. Simultáneamente, otra persona de "buena apariencia" requiere los servicios de emergencia. Es de suponer que el personal médico se encuentre en la encrucijada de aplicar cierto grado de exclusión o

[83] Wendy Moctezuma, *País está en puesto 111 de desigualdad.* Según Informe del Foro Económico Mundial. En: Siglo XXI (Guatemala, 4 de marzo de 2010) p. 7

[84] *Mujeres se sienten marginadas*, En: Prensa Libre (Guatemala, 9 de marzo de 2010) p. 28.

marginación hacia la persona de aspecto más humilde. Probablemente atenderán con prontitud a la persona con mejor aspecto mientras que al indigente se le hace esperar. En este caso, puede ser muy subjetivo llegar a determinar cuál es la actitud correcta. Puede parecer sin importancia cierto grado de exclusión e incluso de discriminación, por cuanto, se asume que es preferible salvar la vida de alguien que aparenta ser más útil a la sociedad que salvar la de un indigente, quien podría ser considerado una persona de categoría inferior, una vida menos valiosa. Bajo estos supuestos también se puede dejar de lado a alguien por sus tendencias políticas, porque no habla el mismo idioma o tiene hábitos diferentes. Una situación como ésta, con implicaciones éticas complejas, se debe estudiar desde diferentes criterios. Debemos preguntarnos ¿quién merece un mejor trato, quién necesita atención con mayor urgencia o que vida es más útil a la sociedad?

La marginación –como sinónimo de exclusión– es posible aceptarla porque pertenece al orden social. Un ejemplo evidente es cuando ciertas personas son excluidas intencionalmente, como sucede a menudo, en las discotecas, restaurantes, clubes privados y otro tipo de negocios en los cuales los propietarios, se reservan el derecho de admisión. Con frecuencia, se escuchan quejas de personas que han intentado ingresar en locales privados con una vestimenta o atuendo distinto al requerido por el reglamento –traje típico, ropa de playa o sandalias–. En estos casos se trata de actos de exclusión, puesto que existe una regla clara establecida por la empresa o por el propietario con el objeto de mantener el orden o ciertas características entre los clientes del negocio. El propietario cuando margina, a potenciales clientes, corre riesgo de no poder sostener su negocio por mucho tiempo, pero visto desde otro ángulo, es preferible que sus clientes, aunque pocos, se sientan a gusto con el ambiente y, por consiguiente, mantengan la fidelidad hacia el negocio.

Existe confusión en los individuos que tratan de relacionar los casos de exclusión con actos de discriminación. Los empresarios, enfocados en el servicio, se han visto en la necesidad de vedar el ingreso de personas que no se enmarcan en los parámetros exigidos por el establecimiento. Permitir el ingreso de mareros, delincuentes o indigentes dentro de un comercio, abierto al público, puede ahuyentar a la clientela con poder adquisitivo, lo que resulta desfavorable para el negocio. Algunas discotecas y bares han sido pensados para servir a los turistas o personas de élite, por lo cual, los propietarios se reservan el derecho de admisión para evitar el ingreso de clientes no deseados. Países como El Salvador, con niveles altos de violencia provocada por las maras, han tenido que restringir el ingreso a las discotecas y han implementado el sistema de membrecías para evitar que personas mal intencionadas molesten a los clientes. Estos clientes se convierten en socios o miembros exclusivos, pues son personas previamente investigadas antes de ser admitidas en el club. Las restricciones se aplican con el fin de evitar inconvenientes a los consumidores y propietarios. Esta reglamentación no tiene su origen en las diferencias que promueven la discriminación. Incluso personas de reconocido prestigio, con alto poder adquisitivo, han sido rechazadas en bares, restaurantes y discotecas por no cumplir con los requisitos de etiqueta o no ser miembros del club. Lo mismo sucede en las fiestas cuando se exige el uso de traje formal —con corbata incluida— para los caballeros y traje largo para las damas. Entendemos, en estos ejemplos, que existe un acuerdo tácito entre las partes. El mismo tipo de acuerdo que existe entre comerciantes y compradores en los que unos establecen los precios y otros están en libertad de aceptarlos o no. En este contexto, un cliente que ingresa en un establecimiento comercial es libre de elegir o consumir pero deberá pagar lo establecido por el propietario. Existe un pacto entre el proveedor de un servicio y el usuario de éste, en donde ambos aceptan las reglas y se ajustan a ellas para poder concretar una negociación.

Hay casos que permiten visualizar el mal manejo de la imagen empresarial, de la tolerancia absoluta, como lo acontecido en Guatemala con el distrito Cuatro Grados Norte. Un lugar pensado como área de convergencia social, integrado por restaurantes, librerías, teatros y lugares para manifestaciones culturales. En poco tiempo el sector sufrió un serio deterioro por los constantes asaltos a los locales. El espacio se fue plagando de antros decadentes con gente que consumía droga en las calles, bares con música estridente o repletos de ebrios. En un principio, el lugar era visitado por personas pudientes, artistas, funcionarios públicos y jóvenes universitarios. Pero, debido a que algunos propietarios de negocios permitieron el ingreso de todo tipo de personas, pronto los buenos clientes dejaron de llegar. Los comercios decorosos cerraron sus puertas, el lugar se fue convirtiendo en un tugurio.

El ejemplo anterior ilustra el porqué de la *exclusión positiva*[85]. Para evitar inconvenientes o acusaciones de discriminación es oportuno indicar previamente las condiciones de la marginación: por ejemplo un rótulo en la entrada de una iglesia que advierte "No sé permite el ingreso de personas en sandalias o bermudas". Este texto no es discriminatorio, sino excluyente. En sentido contrario, un rótulo a la entrada de un bar en un país Europeo que reza, "No se permite el ingreso de perros y latinos", además, de excluyente, es sumamente discriminatorio. En este caso, se discrimina a toda una categoría, es decir, a toda una región. Se discrimina a turistas que generan divisas para el país y a empresarios e inversionistas sólo por el hecho de ser latinos. Es un ejemplo que denota falta de inteligencia del propietario por cuanto deja de percibir ingresos de potenciales clientes. Cabe mencionar que, en la ciudad de Venecia, Italia, los propietarios de comercios y bares, suelen discriminar y manifestar

---

[85] Exclusión positiva. Término que utilizo para evidenciar que al igual que se acepta la discriminación positiva, puede darse una forma de exclusión o marginación que sea apropiada de acuerdo a las circunstancias.

desprecio por todos los turistas, sean de la raza que sean, como si su existencia y la de sus negocios no dependieran de éstos.

La discriminación es casi siempre negativa para la víctima y para la persona que realiza una acción discriminatoria. Pero la exclusión o marginación dependiendo de las circunstancias es, a veces, necesaria. También puede practicarse la autoexclusión que nace de una decisión propia de la persona. Por ejemplo, cuando una joven recién graduada busca empleo como secretaria, dependiente o cajera de un banco, llega a la entrevista de trabajo y se encuentra con una larga fila de personas esperando obtener el mismo puesto. Notará que algunos visten traje formal, otros visten ropas casuales o vestimentas sencillas mientras que otros portan el traje regional según su lugar de origen. El empleador o la persona que realiza las entrevistas deberá tomar en cuenta muchos factores, antes de decidir a quién contratar. Evaluará si el puesto ofrecido está relacionado con la atención al público. En este caso, un factor importante a considerar es la presentación, el arreglo personal y la limpieza. Otro aspecto a evaluar son los conocimientos y las habilidades. Sí una persona se presenta vestida con traje típico y pretende seguirlo utilizando para asistir al trabajo, puede ser rechazada o no. Esto depende, en buena parte, de la orientación de la empresa. Los hoteles, restaurantes, servicios turísticos generalmente no tienen problema para contratar a personas que usan trajes típicos. En todo caso, las habilidades y la experiencia de la persona deben ser evaluadas de acuerdo al puesto que solicita. Lo normal es que, en estas entrevistas, se escoja a un grupo de finalistas para hacer una evaluación más personalizada. Si la persona mejor capacitada es quien se presenta con su traje regional, el personal de recursos humanos no dudará en contratarlo tomando en cuenta diversos factores. Cuando el puesto lo requiera deberá utilizar un uniforme proporcionado por la empresa o deberá vestir otro tipo de indumentaria distinta a la que acostumbra usar. El aspirante, después de evaluar su interés o necesidad de trabajo, puede, en base a sus apreciaciones, optar por rechazar o aceptar la propuesta. En ocasiones, el apego a su cultura y sus creencias condiciona su actitud frente al mercado laboral. En este caso, el aspirante es libre de tomar la decisión que más le conviene, por tanto, si decide rechazar la oferta de trabajo estamos ante un caso de "autoexclusión" o "automarginación". Se puede describir como acto de discriminación, únicamente aquellos casos en que un individuo no puede adaptarse a los requerimientos como el color de la piel, los rasgos físicos o la nacionalidad.

El populismo vende la idea de igualdad como procedimiento para incorporar la riqueza a todos los sectores. Para ello se ha valido de una política distribucionista, que provoca un clientelismo plagado de demagogia. El mismo sirve a la élite política como instrumento de pacificación de las masas desposeídas. Puede prevalecer el criterio de distribución de los recursos mediante la producción eficiente, pero no en función de los intereses populistas que van en contradicción con la lógica del desarrollo.

Dice García Canclini que: *La transnacionalización de la cultura efectuada por las tecnologías comunicacionales, su alcance y eficacia, se aprecian mejor como parte de la recomposición de las culturas urbanas, junto a las migraciones y el turismo de masas que ablandan las fronteras nacionales y redefinen los conceptos de nación, pueblo e identidad. En esta redefinición, que cambia constantemente, ganan todos. No se debe caer en el error de olvidarnos del conjunto social sacrificándolo por los intereses sectarios.*[86]

Para un caso práctico, es normal que un empleado se adapte a los requerimientos de la empresa en donde desea prestar sus servicios y no que la empresa se amolde según el criterio de cada empleado. La

---

[86]   García Canclini, Ibíd., p. 45

empresa es un ente privado con reglamentos que deben ser respetados por todos. El uso del uniforme hace que se produzcan menos casos de discriminación. Los empleados logran una mayor identidad con la empresa, coexistiendo en armonía e igualdad. No es conveniente hacer excepciones para complacer a cada individuo, finalmente el aspirante de un puesto debe aceptar también otras condiciones tales como el nivel de salario, el lugar asignado –cubículo– para trabajar más un sinnúmero de normas que impone la empresa. Las personas deben ajustarse según el reglamento de los empleadores. En caso contrario, habrá trabajadores exigiendo que se les permita llegar en pijama, sandalias o ropa deportiva, alegando que así acostumbran vestir en sus respectivos hogares. Los límites se fijan con el objetivo de establecer un orden.

En nuestro país, algunas empleadas de casa, se niegan a utilizar el uniforme para realizar las tareas domésticas, por eso pierden oportunidades de empleo. Los contratantes, muchas veces, exigen el uso de indumentarias especiales por el tipo de trabajo que deben efectuar. Los trajes regionales suelen ser caros y vistosos, su uso cotidiano hace que se deterioren. Además, no permiten libertad de movimientos, no son una indumentaria adecuada para realizar tareas del hogar o trabajos de diversa índole en los cuales se requiere de comodidad. Resulta más conveniente su utilización en actos sociales. Sin embargo, esta concepción puede parecer discriminatoria para la persona que está tratando de hacer prevalecer su cultura sobre otra. En el afán de imponer sus costumbres resulta aplicando un etnocentrismo circular con pérdidas económicas aún no cuantificadas para sí misma y para la comunidad.

En general se espera que todos los individuos se adapten a las normas de protocolo o de etiqueta, lo que es aceptado por *convención social*[87]. Por

---

[87] Las convenciones son las normas o costumbres aceptadas socialmente como reglas acordadas que constituyen relaciones complejas entre lo incluido y lo excluido. Se modifican por medio de la modernización del pensamiento y de la hibridación de culturas.

ejemplo, en algunos países árabes se exige a las turistas utilizar velo antes de ingresar a las mezquitas. En la entrada colocan una caja con pañoletas para uso de las mujeres que las visitan. No existe manera de transgredir esa regla, pues forma parte de los dogmas religiosos. Si una turista desea ingresar tendrá que adaptarse a la norma. Adaptarnos a las costumbres de cada lugar no significa perder nuestra identidad. La discriminación no debe confundirse entonces con la exclusión –marginación–, la cual debe ser comprendida y tolerada como parte de las relaciones humanas en situaciones inherentes a las culturas o ambientes. La discriminación por el contrarío puede ser perjudicial para la convivencia pacífica de los pueblos.

Es un hecho que el ser humano –cuando hablamos de objetos– excluye y margina todo el tiempo. Lo hacemos cuando vamos al supermercado, cuando elegimos una marca en lugar de otra, cuando escogemos las frutas más sanas, cuando optamos por un restaurante para comer o por una prenda de vestir. También excluimos cuando escogemos pareja, cuando seleccionamos el colegio para nuestros hijos o el sector en donde queremos vivir. El "libre albedrío" es un derecho que nos diferencia de los demás y nos identifica como seres humanos. No se puede supeditar esta libertad a menos que el individuo decida amoldarse a los cánones convencionales, adaptando sus pautas de consumo y su comportamiento para integrarse socialmente. En ese caso, surge la hibridación cultural por convencimiento propio de cada individuo. La no integración es un derecho individual, una decisión personal que, en ocasiones, produce efectos negativos en la consecución de las metas particulares de cada ser humano.

El tema que nos ocupa es el estudio del empobrecimiento individual o nacional partiendo de la discriminación ¿Cuántos empleos se pierden, cuántas ventas y cuántos negocios se dejan de realizar debido a los prejuicios y descalificaciones entre iguales? Perdemos el tiempo en señalamientos inútiles que nos dividen. Para que se instaure una comunión social se debe dejar de lado la posición etnocéntrica. Los orígenes de la discriminación están en las actitudes de cada individuo, son parte inherente a la naturaleza humana pero tienen que ser analizados objetivamente. Los grupos que se sienten discriminados deben aprender a superar los complejos, cambiar algunas actitudes, adaptarse a los cambios, a las necesidades de su entorno para suprimir, en la medida de lo posible, las causas de la discriminación. Esta conclusión parte de la conciliación, de lo contrario nos enfrentamos a posiciones rígidas que no construyen ni contribuyen a conformar la identidad nacional.

Vivimos en un país multicultural que exige la transformación en relación con las actitudes discriminatorias entre las personas que pertenecen a una misma comunidad. En el mundo, muchas ciudades son cosmopolitas, las migraciones han inventado una mezcla de culturas que hace difícil la convivencia pacífica. Los individuos deben realizar su mejor esfuerzo para encajar en esas sociedades cada vez más complejas. Ningún grupo puede permanecer por mucho tiempo al margen, continuar con sus tradiciones, su estilo de vida. Todos deben ceder posiciones, adaptarse, ajustarse a la convención social, apropiarse de los elementos de otras culturas y comprender las diferencias. En el afán de mantener la paz, el Estado tiene un papel preponderante como representante de la identidad nacional. Por tanto, debe establecer los mecanismos adecuados de manera que todos puedan efectuar sus manifestaciones culturales sin menoscabo de los derechos de los otros. Los cambios históricos representan una amenaza para el orden social, lo que genera enfrentamientos en defensa de la tradición y el conservadurismo. El etnocentrismo solo acarrea intolerancia, por tanto, manifestaciones de discriminación hacia los semejantes. Estas manifestaciones, a su vez, nos empobrecen por cuanto nos impiden relacionarnos, intercambiar bienes y servicios o unificar esfuerzos para engrandecer el país.

En Guatemala se debe tratar de preservar todas las manifestaciones culturales existentes, dada su riqueza artística, pero los habitantes no pueden sustraerse de la necesidad de adaptarse a las nuevas tendencias que van surgiendo de la fusión de experiencias entre los distintos grupos étnicos. De la creatividad individual o colectiva surge la renovación de las ideas por los constantes cambios sociales y las simbiosis intelectuales. Todos los elementos conjugados estimulan el crecimiento, el avance, y la modernización. La discriminación opera como barrera al progreso de los pueblos.

Capítulo VII

La violencia frente al espejo de la pobreza

(...) Es el tiempo del miedo. Miedo de la mujer a la violencia del hombre y miedo del hombre a la mujer sin miedo. Miedo a los ladrones, miedo a la policía. Miedo a la puerta sin cerradura, al tiempo sin relojes, al niño sin televisión, miedo a la noche sin pastillas para dormir y miedo al día sin pastillas para despertar. Miedo a la multitud, miedo a la soledad, miedo a lo que fue y a lo que puede ser, miedo de morir, miedo de vivir.

Eduardo Galeano extracto de "El miedo global" en:
Patas Arriba. La Escuela del Mundo al Revés

La violencia ha sido una constante a lo largo de la historia de América Latina que perturba a todos los sectores de la sociedad. Para preservar la tranquilidad individual y colectiva ante los peligros que pueden afectarla, el Estado debe establecer las condiciones que garanticen la seguridad ciudadana. Este concepto jurídico implica abonar el ejercicio de los derechos y libertades fundamentales de la persona humana. Las normas y leyes en un Estado de Derecho son las que permiten mantener el orden necesario para que la vida de los ciudadanos, en cualquiera de sus formas de expresión, pueda desarrollarse.[88]

La violencia es un comportamiento intencional –individual o de grupo– el cual ocasiona daños físicos y sicológicos a otros. Este comportamiento busca, por una parte, apropiarse de los bienes materiales de estas personas sometidas y, por otra, imponer, de manera directa o encubierta, nuevas aportaciones simbólicas para la sumisión. La violencia intenta controlar a los sujetos mediante la centralización del pensamiento.[89] En ocasiones, la violencia es ejecutada por el Estado que ostenta un poder coercitivo para mantener el orden de un país y se traslada de los espacios de la vida pública a la privada.

---

[88] David Carhuamaca Zereceda, En: http://www.monografias.com/trabajos27/seguridad-ciudadana/seguridad-ciudadana.shtml (Consultada marzo de 2010)
[89] En: http://www.violencia.8k.com/violen.htm (Consultada marzo de 2010)

La inseguridad ciudadana es un efecto colateral del miedo que provoca una escalada de violencia. La misma queda evidenciada por los constantes crímenes que se cometen a diario. Esta situación de tensión social afecta la salud mental de los individuos, causando el deterioro en las condiciones de vida. La convivencia pacífica en las sociedades se encuentra amenazada por la existencia de contradicciones sociales que generan conductas violentas. Éstas surgen por diferentes causas, las mismas se traducen en altas cifras de delincuencia. Se ha estudiado el fenómeno de la pobreza asociada a la violencia como un hecho indiscutible. Para algunos el deseo de obtener bienes materiales, los cuales parecen inalcanzables, genera un grado de frustración, por lo que estos individuos se inclinan por una conducta delictiva para satisfacer sus perspectivas y anhelos.

Desde el período prehispánico, la región mesoamericana –actualmente dividida en ocho países– tiene ejemplos que confirman este modelo de sociedad violenta. Al realizar un recorrido por la historia de la región, comprendemos cómo, inicialmente, las migraciones formaron parte de la conducta humana para someter a la naturaleza y obtener dominio de la misma. Luego de posicionarse en pequeños cacicazgos, estos grupos entraron en conflicto por mantener la hegemonía de los territorios y poblaciones. A través de la violencia se impusieron unos grupos a otros, lo que produjo una fusión de culturas creando las grandes Ciudades Estado, como por ejemplo El Mirador y Tikal, dos ciudades de importancia arqueológica. Uno de los rasgos comunes en la organización política de los pueblos prehispánicos fue la teocracia, forma de gobierno que detenta el poder en las castas sacerdotal y militar. Otro aspecto importante de la configuración cultural de los pueblos fue su cosmovisión, la misma estaba sustentada en la visión del mundo que confiere una construcción *pantéica*[90] de los dioses y la naturaleza. Sin embargo, a pesar de tener rasgos comunes Mesoamérica estaba constituida por grupos poblacionales con procesos culturales diferenciados. Por eso, cada pueblo interpretó esta cosmovisión de una manera particular, pues nunca estuvieron unificados ni en idioma ni por los rituales en sus creencias.[91] El poder se ejercía sobre la base de una sociedad altamente estratificada dominada por la casta sacerdotal que a su vez constituía la élite política. Esta élite controlaba la agricultura –producción de alimentos– a través de los conocimientos astronómicos, aprovechando esta condición para mantener el equilibrio de sometimiento y la paz social.

Se le imponía a los estratos sociales más bajos el cobro de tributos en especie y en mano de obra, la misma era utilizada para la realización de sus obras monumentales. En su apogeo, estas culturas codificaron, a nivel simbólico, sus rituales religiosos y practicaron sacrificios humanos y el canibalismo como medio de infundir miedo y respeto a la autoridad. Todos estos aspectos contribuían a legitimar a la casta política en el poder.[92]

Durante la conquista, los españoles sojuzgaron a los indígenas por medio de la violencia y la religión cristiana. La evangelización, ordenada por el papado, trajo consigo la consigna de arrasar con las riquezas del Nuevo Mundo obligando a los indígenas a trabajar para sostener a la corona española y a la Iglesia Católica. Se promulgaron leyes para legitimar el dominio de los conquistadores sobre la población. A lo largo de la historia se han suscitado similares ejemplos de sometimiento, opresión y esclavitud, que han servido para establecer la sociedad que hoy tenemos.

---

[90] Panteismo. Es la creencia en la cual Dios y el universo incluyendo la naturaleza son lo mismo y que todo lo que existe debe ser reverenciado. Los panteístas no admiten a un dios creador del cosmos.

[91] Alfredo López Austin y Leonardo López Luján, *El pasado indígena*. El Colegio de México (México, 2001)

[92] Linda Manzanilla y Leonardo López Luján, *Atlas Histórico de Mesoamérica*. Larousse (México, 1989)

En la imposición de los modelos culturales es inherente la violencia de unos grupos humanos contra otros; la misma, se sustenta en la visión etnocéntrica y su posición frente a lo desconocido. En este caso se puede estudiar a la población indígena de la región mesoamericana que, con una cosmovisión fuertemente arraigada, se ha opuesto sistemáticamente a los cambios que afectan el desenvolvimiento de sus comunidades. En Guatemala, la resistencia violenta de la población marginada ha permitido un desarrollo histórico que no ha dejado de generar conflictividad y muerte.

Actualmente, una de las mayores fallas del modelo de Estado –en América Latina– ha sido su incapacidad para satisfacer las necesidades básicas de la población. En los países de economía desarrollada, la violencia también es un factor, pero tiene menos impacto en la población porque el número de víctimas es más bajo. Esto se debe, en parte, a los niveles de justicia e imperio de la ley que cumplen con proteger a los habitantes. La violencia en algunas grandes ciudades es generada por inmigrantes que arrastran consigo procesos culturales diferenciados. Algunos emigrados tienen dificultad para adaptarse a las costumbres locales. Además, carecen de identidad legal ante las autoridades lo que les hace vulnerables e invisibles ante la ley. Esta emigración económica desde latinoamericana se agudiza desde finales del siglo XX hasta nuestros días. Son personas que aspiran a obtener un trabajo que les ayude a labrar, para ellos y sus familias, un mejor futuro. Sin embargo, no se puede negar que gran parte de los hechos delictivos que se cometen en las regiones más desarrolladas proceden de los inmigrantes ilegales. La cultura y las formas de comportamiento tienen un papel relevante en las manifestaciones violentas. Si sumamos la condición de hacinamiento en el que viven y los bajos salarios que perciben, encontramos las condiciones propicias para que se incremente la violencia en estos grupos de desarraigados.

La Organización Panamericana de la Salud (OPS) aporta cifras preocupantes acerca del impacto de la violencia en América. En la Región 120,000 personas son asesinadas cada año y 180,000 mueren por suicidios y accidentes. Entre el 20% y el 60% de las mujeres son víctimas de violencia intrafamiliar. Además, existe un alarmante aumento de las pandillas juveniles. El factor que subyace en gran parte de los casos de violencia es la pobreza.

La pobreza la hemos definido como la insatisfacción grave de las necesidades básicas humanas, entre las cuales se incluye la alimentación, la vivienda y el vestido, pero no debemos apartar los elementos individuales que permiten una vida plena. Al hacer un análisis de la pobreza, comprendemos que la misma interactúa, desde una perspectiva social, con las causas que producen la *violencia estructural*[93]. Esa violencia estructural, en la región centroamericana, deviene de la violencia política del siglo XX. Los procesos históricos de reacomodo en la configuración del Estado nacional frente a las transnacionales condicionan a las élites locales para ejecutar esta violencia política. La violencia estructural se da cuando las instituciones del Estado no cumplen su papel y se produce una pérdida de legitimidad del poder político. La violencia que se origina desde las instituciones del estado se interrelaciona con otras formas de violencia generando conflictos. Los actos violentos sean estos de carácter político, social o privado tienen capacidad de empobrecernos. Esta dinámica social hace que la economía se deprima, que las instituciones encargadas de ejercer la fuerza pública se corrompan, por ende, se pierdan los medios de subsistencia de muchas familias agobiadas por las acciones delincuenciales.

---

[93]   Violencia Estructural. En:
http://www.ugr.es/~fmunoz/documentos/Violencia%20estructural.html (Consultada marzo de 2010)

La pobreza es un tipo de violencia indirecta presente en la injusticia social. Ésta junto a otras circunstancias hacen que muchas de las necesidades de la población no sean satisfechas. La crisis económica que afecta a casi todos los países del mundo ha generado marginalidad, desempleo y corrupción. A través de la corrupción se ha exacerbado el saqueo de las arcas nacionales. En estas condiciones se afecta el balance económico y social con un alto impacto sobre el consumo, el sistema de precios y la recaudación tributaria, lo que finalmente genera pobreza y pobreza extrema.

En países como Estados Unidos la violencia es un fenómeno que afecta principalmente a los marginados, los antisociales y las personas con problemas de conducta. En Centroamérica, la violencia es ejercida principalmente por el crimen organizado, del cual las maras forman parte. Sin embargo, se ve exacerbada por los altos niveles de corrupción y el contubernio que ejerce la fuerza pública con el crimen organizado. En Guatemala, las redes de corrupción incrustadas en las estructuras públicas, encargadas de proporcionar seguridad a los ciudadanos, son las que cometen la mayor cantidad crímenes por omisión o coparticipación. Robos, asaltos, extorsiones, asesinatos y secuestros son acciones en las que, a diario, coparticipa la fuerza del orden público. Pero quienes cometen más crímenes —de nota roja en los periódicos— son los mareros. Estos muchachos asesinan sin piedad a ciudadanos trabajadores: pilotos, ayudantes de buses o todo aquel que se oponga a sus exigencias. Algunas veces ultiman a un individuo por negarse a pagar las extorsiones. En el peor de los casos, como efecto de la violencia estructural, escogen personas al azar para asesinarlos como requisito de iniciación para integrarse a la *clica*[94]. Otras veces ejecutan a hombres o mujeres en actos

---

[94] Clica. Llamada así a una célula dentro de la organización de las maras con al menos 20 integrantes.

de venganza entre pandillas que se producen por problemas personales entre los cabecillas.

Las maras o pandillas juveniles producen incertidumbre social de alto riesgo por la violencia con que actúan. Se calcula que en El Salvador y Honduras hay más de 30.000 jóvenes que forman parte de estos grupos paradelincuenciales. De esta población en conflicto, más de la mitad son menores de quince años y solo una cuarta parte ha completado la educación primaria. Actualmente, según los informes de la Junta Internacional de Estupefacientes (JIFE)[95] estos jóvenes mareros han pasado a formar parte del crimen organizado. El origen de las maras[96] en Centroamérica son las pandillas juveniles que surgen en los años 80 en ciudades como Los Ángeles y Nueva York. En aquella época, grupos de inmigrantes mejicanos, centroamericanos y del Caribe, ante las negaciones del sistema norteamericano, aunado a la idea del dinero fácil y la pérdida de valores en la sociedad, para citar algunas causas, formaron estos grupos paradelincuenciales. Algunos de los descendientes de latinos fundaron la *Mara Salvatrucha* en referencia a sus orígenes en El Salvador. Posteriormente surge la *Mara 18* constituida, en sus inicios por inmigrantes o hijos de latinos residentes de Los Ángeles, California. Al principio, fueron jóvenes de origen mexicano herederos de la Cultura Pachuca, llamados cholos o chicanos, los que iniciaron estas pandillas. Posteriormente, amparados en la impunidad de grupo, empezaron a realizar actos vandálicos y van extendiéndose hacia otras ciudades convirtiéndose, en la actualidad, en un problema de alcance global.

---

[95] *Fluye droga por vínculos entre maras y narcos.* En: Prensa Libre (Guatemala, 25 de febrero de 2010) p. 47. *EFE*

[96] La palabra *mara* se deriva de la palabra *marabunta*, que de acuerdo al diccionario de la Real Academia Española tiene dos significados: Población masiva de ciertas hormigas migratorias que devoran a su paso todo lo comestible que encuentran" o "conjunto de gente alborotada y tumultuosa. Ambas sirven para definir a estos grupos de jóvenes, más o menos numerosos que, en un principio, tenían por costumbre reunirse en las esquinas de calles o barrios para consumir drogas.

Las maras están integradas por jóvenes de 10 a 25 años, cuyo denominador común son los tatuajes. Además, practican la crueldad a sangre fría para cometer sus asesinatos. Mantienen una línea vertical de mando, la sumisión al jefe y al grupo que, prácticamente, se convierte en su familia. Se rigen por códigos mafiosos, viven en los barrios marginales donde consumen drogas y planean sus crímenes. Estos muchachos y muchachas encuentran en la mara una forma de socialización, de integración que no tienen en el hogar. La gran mayoría proviene de los estratos sociales más desposeídos, aunque sus padres pueden ser personas honestas y trabajadoras. Otros son hijos de padres irresponsables, niños que han sido víctimas de abusos y violencia intrafamiliar. Estos jóvenes son producto de una violencia sistemática en la sociedad. Además, son personas proclives a la delincuencia. La fantasía del dinero fácil convoca a muchos a convertirse en mareros. Con el tiempo estos grupos transgresores se han vuelto más violentos y han crecido de una forma alarmante. Este crecimiento poblacional de las maras ha creado pugna entre ellos por el control territorial o por el acceso a las drogas. Los mareros realizan "ritos satánicos" que consisten en asesinar y mutilar a sus víctimas, casi siempre mujeres o integrantes de pandillas rivales. Para entrar a formar parte del grupo, los aspirantes deben participar en rituales de iniciación que van desde aguantar palizas hasta matar sin motivo a cualquier persona. En el caso de las féminas se les obliga a hacer el "trencito", es decir, tener relaciones sexuales con toda la *clica*. En síntesis, podemos concluir que los mareros representan parte del deterioro social que nos toca vivir.

Como consecuencia de la persecución hacia las maras, se desencadena, en la región centroamericana, un período de represión por parte de las fuerzas policiales que apuestan por controlarlas de manera violenta, lo que desata una guerra a muerte entre pandilleros y policías. El resultado no ha sido el esperado pues, las maras se han reorganizado, mutando para formar grupos que prestan sus servicios a los narcotraficantes quienes ahora los utilizan como distribuidores de droga o como sicarios. Algunos mareros adultos han organizado sus propias bandas para ejecutar asaltos a bancos, secuestros, extorsiones o asesinatos por encargo. La ola de violencia desatada por estos grupos no ha cesado a pesar del encarcelamiento de algunos cabecillas. Porque incluso desde la cárcel, estos delincuentes siguen operando debido, principalmente, a los niveles de corrupción y descontrol en los centros de detención. Podemos afirmar que las cárceles no cumplen con las condiciones de una correccional, por el contario, se han convertido en "escuelas de criminales", "hoteles de lujo" que utilizan los delincuentes para seguir dirigiendo y planificando delitos con total impunidad, en contubernio con las autoridades encargadas de impartir justicia.

En Guatemala, las rivalidades entre las diferentes maras inciden de manera determinante en los índices de violencia. Esta se agudiza por la participación de las autoridades en el crimen organizado, el narcotráfico y las extorsiones. Están vinculadas e implicadas en delitos tipificados de comunes, tales como el robo de vehículos, celulares, computadoras y armas de fuego hasta el trasiego de drogas por toda la región. Recientemente se ha desatado una nueva ola de violencia, debido a la persecución de que son objeto éstas bandas delincuenciales. Como actos de represalia los cabecillas han ordenado la muerte de policías, jueces y fiscales del Ministerio Público, lo que empeora aún más la sensación de inseguridad ciudadana. En estos casos el denominador común es la pasmosa impunidad incrustada en el sistema legal de un Estado –como el guatemalteco– con una democracia rudimentaria que no cumple con su mandato constitucional. La impunidad tiene su origen en la corrupción dentro de las instituciones encargadas de la seguridad pública y en la negligencia de algunos empleados que se encargan de la investigación y aplicación de la justicia. El tortuguismo o falta de interés de fiscales, jueces y policías para cumplir con sus obligaciones contribuye a la frustración ciudadana, al miedo y, por consiguiente, a la inseguridad.

La violencia no ha podido controlarse con acciones drásticas como la limpieza social ni con las constantes redadas que culminan con el encarcelamiento de los cabecillas. Esto se debe, en parte, a la corrupción que impera en el sistema de justicia y entre las personas que dirigen los aparatos represivos del Estado. Se deben implementar diversas políticas preventivas o punitivas en la búsqueda de garantizar la paz social, la tranquilidad y la vida plena de la ciudadanía. La seguridad ciudadana procura el respeto de los derechos y el cumplimiento de las obligaciones individuales y colectivas. En definitiva, uno de los objetivos que persigue la seguridad ciudadana es que las personas puedan vivir en armonía para alcanzar la calidad de vida que desean en un marco de libertad, sin temor a las contingencias o peligros que pueden afectar su condición de vida. El Estado guatemalteco, como otros Estados en Latinoamérica, no pueden, por diversas causas, cumplir con la obligación de brindar seguridad para todos los ciudadanos.

El sistema de justicia impide, por medio de argucias legales, aplicar un castigo ejemplar a todo el que cometa actos reñidos con la ley. La correcta administración de justicia implica recursos, inteligencia y tiempo para reducir la delincuencia. Hasta ahora ningún gobierno ha logrado controlar plenamente los actos criminales, porque, como lo hemos expresado, el crimen organizado esta incrustado en la misma estructura del Estado. Por tanto, es usual que desde la cárcel los cabecillas dirijan las extorsiones, ordenen asesinatos, realicen negociaciones de secuestros y otros delitos con el aval de policías, jueces y fiscales corruptos, quienes se confabulan para que el sistema falle y que estos administradores de justicia logren enriquecerse a título personal. En Guatemala, la Policía Nacional está integrada por personas con poca o nula capacidad para ejercer ese oficio y tienen salarios de hambre; razón suficiente para que, en lo individual, los policías se corrompan. Además, cuentan con instalaciones precarias y poca capacitación. Por lo que se presenta un panorama desalentador para la ciudadanía en materia de seguridad. En consecuencia, podemos afirmar que estas instituciones encargadas de velar por la seguridad ciudadana están integradas al crimen organizado. El Estado destina pocos recursos para la profesionalización de los elementos policiales, tampoco está interesado en el mejoramiento de las condiciones laborales de los elementos policiales. Tenemos, entonces, un capital humano, en esta institución, que no tiene la preparación adecuada. Además, no tienen los instrumentos de trabajo apropiados, véase toda la tecnología digital, para citar un ejemplo. Por todo lo anterior, las personas honestas dentro de esta institución no pueden enfrentar a los criminales. Algunos policías honrados se ven impelidos, por la dinámica de la institución a involucrarse con las redes corruptas y criminales.

La violencia y el crimen son efecto de la falta de oportunidades de trabajo, facilidades para educarse o participar en actividades sociales y deportivas para citar algunos criterios. En otras ocasiones es por la personalidad del individuo la cual es proclive a la violencia; son personas –con vocación de asesinos– que tienen ausencia de principios y valores aceptados. En la actualidad, parte de la infancia y juventud guatemalteca están siendo manipuladas directa e indirectamente por las agrupaciones criminales. Los niños y jóvenes son utilizados como informantes o vendedores de droga al menudeo. El narcotráfico genera las condiciones para prostituir a las niñas y niños, convirtiéndolos en esclavos de la droga y el sexo. Muchos de los actuales jefes fueron objeto de abuso o abandono, luego se incorporaron a las maras creando el círculo de la violencia. Una nueva generación es maltratada ocasionándoles problemas psicológicos que luego inciden en el incremento de actos criminales hacia otros miembros de la sociedad o de su propia familia.

Como se ha manifestado, la pobreza es, en sí misma, un acto violento. Algunas de las razones de ésta ocurren porque la persona no puede acceder a un mejor nivel de vida, es decir, cubrir sus necesidades elementales o la realización plena. En este entramado la pobreza y la violencia forman un círculo vicioso que genera pobreza, mientras que la pobreza, como se ha indicado, provoca, eventualmente, más violencia.

En la mayoría de los países latinoamericanos el delito es una constante en las actividades diarias de la sociedad, lo que dificulta que los habitantes desarrollen sus labores cotidianas. La pobreza extrema incita –peligrosamente– a la realización de actos intimidatorios en contra de toda la sociedad. Parte del problema es la pérdida de ciertos valores universales, tales como: la honestidad, la voluntad de trabajo, la solidaridad, la responsabilidad y otras cualidades que debe poseer todo individuo. Estos principios fundamentales, por las mismas condiciones históricas de violencia, han perdido vigencia, porque muchas personas al saberse inimputables de los crímenes los cometen con toda tranquilidad y crean un estado de sicosis social que acentúa la impunidad.

Entonces, como un modelo posible de sociedad, para combatir la violencia, debemos crear un perfil de ciudadano tipo, con las características enumeradas anteriormente. La enseñanza de ciertos valores éticos no debe dejarse de lado. En países como Guatemala con una composición multicultural que dificulta el entendimiento entre los ciudadanos, estos valores deben ser una de las herramientas clave para avanzar en la erradicación del crimen, la construcción de un ser social sustentado en un ciudadano ejemplar.

En esta sociedad sicótica del Siglo XXI, hemos llegado a admitir como "normal" la corrupción, también se tolera la práctica del linchamiento, incluso con la justificación del derecho consuetudinario. En el consciente colectivo de la sociedad, por el terror de la violencia estructural, se considera que los delitos comunes como el robo, la estafa o las extorsiones forman parte del ideario social. Entre las causas de por qué la sociedad considera estos hechos punibles como "normales", encontramos que, rara vez, estos crímenes son investigados, mucho menos castigados, por lo cual la actitud del ciudadano se vuelve apática.

La violencia se convierte en un problema estructural que afecta a miles de personas, pero fundamentalmente a las mujeres, quienes son presa del miedo, incluso, en su propio entorno familiar. Este terror doméstico deviene de la cultura patriarcal. Como contraposición, en la actualidad, existe un movimiento fuerte para combatir la violencia contra las mujeres en el ámbito privado. La amenaza doméstica que se manifiesta por maltrato verbal, crea un estado de miedo permanente y tiene secuelas psicológicas que pueden alcanzar a toda la familia, pero en especial a los hijos y es difícil de erradicar. En ese sentido, la educación es clave para eliminar el problema de raíz, cambiando los hábitos de sumisión femenina –tan arraigados dentro de una sociedad patriarcal– que las mismas mujeres transmiten de madre a hija. Para combatir el flagelo de la violencia intrafamiliar, las mujeres deben recibir orientación sobre sus derechos legales, valores humanos y defensa de su dignidad. La orientación sobre los temas sexuales puede coadyuvar para prevenir algunos delitos como la violación, el incesto o la pedofilia, que tanto daño ocasionan en la juventud. Estos abusos se producen en el ámbito privado y dan continuidad al círculo vicioso de la violencia.

Por aparte, una forma de terror -crímenes con saña-, se ejecuta contra las mujeres a diario en el espacio público. Esta es una forma de humillación a la mujer la cual no se circunscribe solo al aspecto físico, sino que tiene ciertas repercusiones a nivel simbólico que se pueden interpretar como un irrespeto total a la vida. El Estado tiene la obligación de introducir leyes para castigar las conductas machistas así como los crímenes de odio contra las mujeres.

La juventud debe plantearse estrategias que se puedan implementar para mejorar el nivel de vida de los ciudadanos. Una de estas estrategias es la promoción de la procreación responsable, también el amor al trabajo y la honestidad entre otros principios y valores éticos. El Estado debe propiciar estos debates destinando recursos que faciliten el diálogo. Además, estos espacios generan oportunidades para que los jóvenes puedan adquirir una mejor educación, también sirve para que se alejen de la delincuencia o de las actitudes violentas. A pesar de la gravedad del problema –la violencia y la corrupción–, se percibe una fuerte resistencia por parte de algunos sectores sociales hacia la propuesta para impartir valores éticos en las escuelas. La educación, en el seno familiar, es muchas veces deficiente, por lo cual se debe complementar con una la educación integral que incluya la enseñanza de principios que coadyuven al buen desempeño del individuo en los diferentes ámbitos de la vida. Al mismo tiempo se debe modernizar la educación con el fin de mejorar el nivel académico en áreas como la tecnología, sin descuidar los programas de formación humanística.[97]

Mantener a los jóvenes y niños alejados de los actos violentos es una tarea difícil pero debe ser primordial para que la población viva en paz. Los Estados, a través de los gobiernos, crean propuestas para que el sector estudiantil se desarrolle pero estas, algunas veces, terminan siendo contraproducentes. Por ejemplo, el programa de gratuidad en las escuelas que el actual gobierno, ha intentado implementar, está provocando una sobrepoblación de alumnos. Si no se toman las medidas correctivas, esta política educativa puede ocasionar un retroceso en la preparación académica de los estudiantes. La clave para tener mejor educación es la calidad académica y la profesionalización de los maestros. Las escuelas deben ser diseñadas con las normas requeridas para cumplir ese objetivo. El número de alumnos en cada aula no debe sobrepasar la capacidad del

---

[97]   Revista de CEPAL No.56 (Agosto 1995) p.164.

recinto y el esfuerzo educativo del maestro. La curva estudiantil, en países como Guatemala, manifiesta graves contradicciones.[98] En ese aspecto los establecimientos públicos que atienden a los alumnos de diversificado en el país, no cubren la demanda. El Estado no tiene presupuesto para resolver el problema en el corto plazo. Los maestros se ven desbordados, en su capacidad humana, para atender a una población estudiantil tan amplia. Otros programas como las "Escuelas abiertas" pueden tener buenos resultados siempre que se implementen adecuadamente, es decir, que exista un control sobre las actividades extracurriculares de los alumnos para que no se desvirtúe el objetivo principal, que es brindar espacios a los jóvenes para el sano entretenimiento. En conclusión, la deficiencia en la educación más la inserción del narcotráfico en las escuelas provoca altos índices de criminalidad.[99]

---o---

La violencia tiene consecuencias negativas en la capacidad generadora de los pueblos, contrae la economía de los países. Además, producen fuga de capitales, provoca una menor inversión del sector privado e inhibe la generación de empleos. Algunas, empresas han tenido que cerrar por causa de desfalcos, estafas y todo tipo de delitos cometidos por los mismos empleados quienes se benefician a título personal en detrimento de la empresa. Pero lo grave es que quedan amparados por la misma impunidad del sistema, el cual se sustenta en la violencia. En otro rubro de la economía, se han dejado de crear puestos de trabajo en casas, fábricas o comercios por el temor a los robos o actos violentos realizados por malos trabajadores, asaltantes y extorsionistas. Los factores que

---

[98] Carlos Rigalt, *Mineduc ha abierto 418 institutos secundarios en 2009*, (29 de abril de 2009) En: http://www.elperiodico.com.gt/es/20090429/pais/99203 (Consultada noviembre de 2009)

[99] *Escuelas sin cupo para más niños*. En: Prensa Libre (Guatemala, 3 de diciembre de 2009) p. 24. Corresponsales

inciden en la criminalidad son difíciles de erradicar. Es importante comprender cuales son las relaciones que se conjugan para que se produzca la misma. Para prevenirlos se debe prestar atención al tema de la pobreza, la educación y los valores.

Definir cuáles son los valores que deben inculcarse en la juventud es una tarea pendiente. Es fácil caer en el error de la manipulación por parte de algunos grupos que persiguen intereses sectoriales. Por tanto, el Estado – desde una posición laica– debe implementar las políticas públicas encaminadas a crear este programa en confluencia de todos los sectores.

El crimen y la violencia constituyen problemas complejos que deben enfrentar los gobiernos en América Latina. Durante el presente siglo sus efectos negativos se han globalizado. La región continúa siendo una de las más inseguras del mundo, con una tasa de homicidios seis veces mayor que el promedio mundial. En los últimos años los índices se han elevado, por lo que hay mayor inseguridad. Los costos económicos son dañinos, pues representan el 15% del PIB en México y el 10% del PIB en Brasil. Diversos estudios, realizados por el Banco Interamericano de Desarrollo y el Banco Mundial, destacan que, los costos de la violencia en la región latinoamericana fluctúan entre un 2% y un 15% del PIB. El costo de la seguridad privada es del orden del 8% al 25% del PIB. Los costos de la salud pública se ven desbordados por la violencia y se sitúan alrededor del 5%, en materia de justicia el 9% del PIB. Los daños económicos terminan afectando la seguridad jurídica y política, por ende, el crecimiento económico.[100]

Los estudios realizados en torno a la violencia y la represión en América Latina determinan que son más frecuentes cuanto mayor es la brecha

---

[100] Fernando Carrillo-Flórez, En:
http://www.pensamientoiberoamericano.org/articulos/0/26/0/seguridad-ciudadana-en-america-latina-un-bien-publico-cada-vez-mas-escaso.html

entre lo que se denomina "bienestar social" es decir, la habilidad del sistema económico para satisfacer las necesidades de la población y lo que llaman "movilidad social". Un proceso que permite mejorar la calidad de vida y la escala social.[101] El bienestar crea en el sujeto el rechazo a la violencia. Sin embargo, la orientación o predisposición de la misma es una actitud caracterizada por la aceptación de conductas agresivas en situaciones de crisis. Un comportamiento agresivo con propensión al uso de fuerza es más usual cuando se actúa en grupo frente a situaciones de conflicto de la vida pública. En la esfera privada estas conductas se observan en todos los estratos aunque, con especial énfasis en los segmentos menos educados y de menores ingresos por la frustración derivada de las carencias económicas.

La población guatemalteca —especialmente del área rural— ha mostrado una marcada tendencia hacia algunas actitudes criminales como los linchamientos. Estas conductas se perciben como respuesta a la impunidad y la corrupción de los individuos encargados de ejercer la fuerza pública, así como, por la inoperancia de las instituciones que administran la justicia. La población está dispuesta al uso de la fuerza para alcanzar los objetivos de aplicar "justicia" por su propia mano, invalidando el sistema de derecho. Esta violencia es avalada por los miembros de la comunidad e ignorada por las entidades estatales que en ocasiones se convierten en víctimas de esa violencia grupal. Los pobladores enardecidos rehúsan reconocer el mandato legal que los aparatos de seguridad del Estado ostentan.

El terror comunitario se deriva de la incapacidad permanente de obtener justicia; además, por la falta de expectativas para alcanzar las metas y objetivos en el plano socioeconómico. La frustración es un fenómeno que

---

[101]　E. Duff, y J. Mac Cammant, *Violence and Repression in Latin America*. (New York, NY/London, England, 1976) *The Free Press*.

se traduce en desesperanza o rabia hacia la sociedad, la familia o el trabajo. Una pobre educación es condición, muchas veces, para la pérdida del empleo. Esta situación de incertidumbre provoca negación en los individuos que, en ocasiones, los lleva a realizar actos violentos contra sí mismos, su familia o la comunidad.

La violencia incrementa la pobreza al dañar el engranaje económico que sustenta la forma de vida de la población. En los lugares con mayor índice de delincuencia se percibe un retroceso en la evolución progresiva hacia mejores niveles de vida. En otras regiones se retrae la inversión en infraestructura, así como en proyectos relacionados con el comercio o la industria turística. La comunidad se ve seriamente afectada en la economía, en el tejido social pero especialmente en la perdida de oportunidades para los habitantes que se convierten en víctimas colaterales de esa violencia estructural. El narcotráfico, como ejemplo, ejerce efectos visibles en la movilidad social, el cambio de *status* ocurre en poco tiempo haciéndose evidente por la utilización de símbolos de consumo. Es decir, la economía ilegal no contribuye al desarrollo por el desbalance negativo que se produce como consecuencia de ella. Las distorsiones macroeconómicas que alteran el equilibrio entre inversión y producción a largo plazo han sido estudiadas y se ha llegando a los siguientes postulados: *"El éxito de una sociedad debe evaluarse por la libertad que es capaz de proporcionar a su ciudadanía...dicho círculo virtuoso se materializa al interrelacionar el desarrollo humano con una economía formal; sin embargo, cuando se vinculan los esfuerzos de mejora del bienestar de la población con una economía ilegal, oculta o "no observable", se genera un retroceso social en materia de ampliación de las libertades reales".*[102]

En la violencia existen una brecha entre el poder de las fuerzas de seguridad y el armamento que utilizan las redes delincuenciales. Para reducir la brecha entre ambas fuerzas se puede pensar en incrementar el número de elementos policiales o dotarles de armas de mayor alcance. Pero puede ser más efectiva la estrategia de controlar el enriquecimiento ilícito, el cual permite al crimen organizado tener recursos ilimitados para corromper el poder público y armar a sus integrantes. El poder bélico de las organizaciones criminales intimida a las fuerzas policiales y militares. También genera temor en la población que termina cediendo ante las exigencias de los criminales por miedo de ser víctima de los delincuentes.

El Estado eroga un porcentaje muy alto de su presupuesto para proporcionar seguridad a la población, sin embargo, estos recursos, la mayoría de las veces, son malversados. Las fuerzas del orden público han alcanzado altos niveles de corrupción y desenfreno, convirtiéndose en fuerzas de terror en contra de la población desprotegida. En la medida de lograr un equilibro en la seguridad, las empresas gastan recursos implementando sistemas de protección para sus empleados, clientes y mercancías. Los empresarios son el blanco perfecto para los delincuentes. En este círculo de la violencia, quienes se benefician son los propietarios de las empresas privadas de seguridad. Los empleados de estas empresas arriesgan su vida y no obtienen ingresos suficientes para el sostenimiento de sus familias. Las personas contratadas como agentes de seguridad privada son individuos poco idóneos, sin entrenamiento o

---

[102] Programa de las Naciones Unidas para el desarrollo, PNUD (2009), *La economía no observada: una aproximación al caso de Guatemala.* Cuadernos de desarrollo humano, 2007-2008. p. 32.

con un perfil de delincuentes que produce los efectos contrarios. Son ellos quienes –muchas veces– realizan acciones en contra de las personas a quienes sirven. No son profesionales, por lo cual terminan causando daños a la población civil y son individuos potencialmente propensos a caer en las redes criminales.

La violencia es un factor común a la condición humana. Algunas veces se genera por el rencor, la radicalización, el dogmatismo, el fanatismo, la ignorancia y la discriminación, entre otros aspectos. Es por ello que se debe trabajar con todos los sectores de la sociedad, las familias, los educadores, los religiosos, los políticos, los sectores artísticos, científicos y mediáticos, entre otros, para promover un mensaje de tolerancia, paz y justicia.

Todo el sistema está en entredicho, puesto que ha sido permeado por la corrupción y el crimen organizado. La posible forma de controlar la violencia es un camino difícil de transitar pero no imposible. El sistema político, la democracia y la paz social se mantienen bajo la constante amenaza del crimen organizado. Este chantaje, sin tregua hacia la población, ha venido profundizando las diferencias que agudizan la pobreza y el hambre. Las opciones están allí, la voluntad política es vital para plantearnos un modelo de sociedad diferente. Entonces, creemos que para controlar la violencia estructural se deben buscar los mecanismos para combatir la corrupción e impunidad.

Capítulo VIII

La sinfonía de la corrupción

Todos los gobiernos democráticos o dictatoriales del mundo han sido vulnerados por la corrupción. La misma se ha instalado en las esferas sociales y económicas, lo que afecta de manera determinante en el bienestar de los pueblos. La corrupción es un fenómeno producido, en la mayoría de los países latinoamericanos, por un problema político. El mismo consiste en la apropiación de fondos del Estado en beneficio de particulares, lo que perjudica a la ciudadanía en su conjunto. Este fenómeno tiene influencia negativa porque causa el retraso en la implementación de soluciones a las necesidades básicas de los países, tales como educación, salud, vivienda, infraestructura pero, sobre todo, en seguridad. El retardo en la implementación de acciones encaminadas a solventar los problemas sociales tiene como efecto la frustración y desánimo en la población, creando una sicosis o apatía en la participación civil. En ese aspecto, la corrupción se sostiene por la actitud de las autoridades estatales, quienes están orientadas a obtener ventajas, no a cumplir las obligaciones que demanda el puesto público. En esencia, la corrupción es una disposición de la persona a actuar en función de agenciarse de bienes o prebendas del Estado, malversar los fondos públicos o evadir pagos por medio del tráfico de influencias, entre otros.[103]

Los gobiernos están integrados, en puestos de decisión –presidente, vicepresidente, alcaldes y diputados–, por personas que mediante elecciones democráticas son electas por una mayoría de votantes. Las personas ejercen sus derechos ciudadanos en un país cualquiera para sostener el sistema democrático. Luego, los gobiernos se integran por otras personas que ocupan posiciones o cargos en instituciones públicas.

---

[103]   La corrupción. En: http://library.jid.org/en/mono35/lugo-verde.pdf (Consultada febrero de 2010)

Este grupo de "elegidos" –personas allegadas a los gobernantes de turno– se instalan en los puestos clave, en donde ejercen el poder para saquear las arcas nacionales con el fin de enriquecerse durante una administración. Esto se debe a que los gobiernos son transitorios y el sistema democrático es solamente un procedimiento para acceder a los puestos públicos. En consecuencia, el Estado funciona como una gran orquesta integrada por una cantidad de actores que participan en la toma de decisiones que hacen funcionar el aparato de gobierno. Las democracias en América Latina se han organizado en base a intereses que, en la práctica, no buscan el cumplimiento de los fines democráticos, tales como brindar a los ciudadanos bienestar en un ambiente en el que puedan desarrollarse. Además, los ciudadanos no pueden ejercer la libertad y el poder público en igualdad de condiciones. Los gobiernos están formados por un grupo de personas que llega al poder, mediante elecciones democráticas, para enriquecerse.

Las noticias de los actos de corrupción, en donde se pierden millones de dólares del erario público, son una constante en los periódicos nacionales y nos hemos acostumbrado a este tipo de *felonía social*[104] de los gobiernos. Nos hemos convertido en ciudadanos impotentes e indolentes ante la tragedia del latrocinio. Además, los titulares de prensa nacional destacan los crímenes, extorsiones, matanzas del narcotráfico, los quince o veinte muertos por la violencia cotidiana en el país y, sobre todo, los ominosos escándalos de la corrupción estatal. Están a la orden del día los ajustes de cuentas entre los narcotraficantes, la violencia de las maras y las extorsiones al transporte, para citar los casos de impacto social. Hemos perdido parte de nuestra capacidad de asombro ante tales hechos, aprendimos a verlo como una situación cotidiana y buena parte de la prensa escrita se encarga de explotarlo con cierto morbo. Como

---

[104] Felonía. Traición, deslealtad, canallada infamia o alevosía.

resultado de la corrupción, las autoridades han perdido el control del sistema de seguridad del país y la máxima expresión son los motines que se suscitan en las cárceles, las que han sido tomadas por los delincuentes. La seguridad ciudadana se ve seriamente afectada por estas causas.

Cuando la autoridad no se ejerce, se pierde capacidad para gobernar, por tanto, existe riesgo de que se cree un desorden social. En ese sentido, policías convertidos en delincuentes, empleados públicos corruptos, todo tipo de personas involucradas en tráfico de influencias, lavado de dinero y otros hechos delictivos son la constante de los gobiernos. El país se puede equiparar, como una metáfora, con la cueva de Alí Babá en donde, incluso, el más probo termina actuando en contra de sus principios. Recientemente las organizaciones civiles Acción Ciudadana y Transparencia Internacional presentaron el estudio: "Redes de Corrupción y Redes Corruptas Criminales". En el trabajo se identificaron dieciocho organizaciones delincuenciales que mantienen lazos estrechos con empleados o funcionarios públicos, quienes les facilitan sus operaciones.[105] Se han rastreado redes especializadas en la asignación de obras, tráfico de personas, tráfico de armas y contrabando aduanero, entre otras. Estas redes infiltradas en todas las instituciones públicas dificultan la aplicación de la justicia, bloqueando las investigaciones para poder castigar los actos criminales. La economía ilegal que forma parte la corrupción, es una forma poco transparente de distribución de la riqueza. La sinfonía de la corrupción ha sido muy bien orquestada desde la democracia. Agrupaciones políticas, grupos de criminales y familias en relación de compadrazgo con el poder político, han tomado por asalto el

---

[105] Rudy Tejeda, *Detectan redes de corrupción*. En: Siglo XXI. Ver: Informe de Transparencia Internacional (TI) *Redes de corrupción y redes corruptoras criminales, reformas para su erradicación,* (Guatemala,19 marzo 2010)

poder público mediante las elecciones democráticas. Las componendas entre contendientes políticos, la negociación y el reparto del poder se observan con mucha frecuencia, incluso, antes de los procesos de elección. Estos políticos sin escrúpulos han permitido la depredación de los recursos del país del cual se enriquecen. El contubernio, los arreglos bajo la mesa y el tráfico de influencias caracterizan e influyen en la conformación del actual Estado, definiéndolo como un Estado corrupto en toda su estructura.

La sistematización de la burocracia, la administración efectiva del gasto público así como la implementación de medidas para terminar con la impunidad en los delitos administrativos, pueden ayudar a erradicar, en parte, la corrupción. Sin embargo, el aparato estatal está organizado – orquestado– para que el conjunto falle irremediablemente. En primer lugar, porque las elecciones democráticas no representan los anhelos del pueblo. Los candidatos están lejos de ser las personas integras y capaces que el gobierno necesita para conducir el país. No existen planes coherentes por parte de los partidos políticos en contienda y, una vez instalados en el poder, se apropian de manera indebida de los recursos nacionales y lo que se invierte queda de manera inconexa. Los ciudadanos no tienen la capacidad de elegir representantes dignos porque el mismo sistema está estructurado para que solo una pequeña élite continúe en el poder político. La ciudadanía se deja manipular seducida por la propaganda populista, los obsequios y las promesas de campaña. Los gobernantes, cuando acceden al poder, se enajenan. Luego aprovechan todos los medios a su alcance para permanecer en un puesto. La defraudación de los fondos públicos en beneficio de los funcionarios, es una táctica utilizada para agenciarse de medios económicos con el fin de comprar voluntades y permanecer más tiempo en los cargos para así seguir enriqueciéndose de forma ilícita. La mayoría de funcionarios públicos, con pocas excepciones, termina involucrándose en actos de corrupción, debido a que el sistema funciona con esa dinámica. Desde el director de la orquesta –el presidente– hasta los empleados de rango más bajo entran en escena para que el aparato de gobierno funcione como una máquina de saqueo. No hay quien desee ponerle un freno a la corrupción puesto que todos están involucrados en ella, se benefician o, por omisión, la consienten.

En Guatemala se han detectado redes corruptas en las municipalidades, cuyos dirigentes manipulan los estados financieros para acceder a más fondos. Para ello, se valen de la asesoría de trabajadores o extrabajadores de las instituciones encargadas de la fiscalización, quienes conocen a fondo los sistemas, por lo cual, están en capacidad de violentarlos. Instituciones como el Instituto de Fomento Municipal – INFOM, la Secretaría de Planificación y Programación de la Presidencia – SEGEPLAN y la Contraloría de Cuentas de la Nación, se ven involucradas en estos actos ilegales. Conforme se implementan mejores sistemas de control, por medios electrónicos, se han podido detectar estas anomalías que anteriormente quedaban impunes. Estas operaciones tienen como fin agenciarse de recursos adicionales a los que les corresponden en detrimento de otros municipios y regiones del país; acciones que fomentan la inequidad y causan empobrecimiento en otras poblaciones.[106]

Cabe decir, existen empleados públicos que haciendo de lado sus intereses personales se dedican a servir a la población. Sin embargo, la ciudadanía no tiene un grado de madurez que le permita contribuir de manera esencial a erradicar la corrupción. Las personas también participan consintiendo o participando de acciones poco éticas por la necesidad de realizar trámites con mayor agilidad. Dentro del gobierno, los problemas se suscitan desde el momento en que se asignan los

---

[106] Karen Cardona, *Alcaldes manipulan datos para recibir más recursos*. En: Prensa Libre (Guatemala, 15 de marzo de 2010) pp. 2-3.

fondos en el presupuesto general de gastos para las obras y la prestación de los servicios públicos. Generalmente, la corrupción empieza dentro de los corrillos legislativos hasta llegar a quienes se encargan de ejecutar este gasto y lo hacen con un afán de enriquecimiento individual a costa de las arcas nacionales.

Pero los casos más dramáticos se dan cuando se utiliza el discurso de los "pobres" para malversar, derrochar o robar a manos llenas. Se crean programas con el fin de desviar los recursos a sus cuentas personales. Así, los recursos van a parar a manos de funcionarios que los utilizan para la propaganda política, la compra de propiedades, bienes o, en casos extremos, para la compra de votos electorales. Parte del presupuesto se orienta en función de las campañas electorales y no del bienestar social. Los gobernantes tratan –a toda costa– de aprovechar su posición para mantenerse en el poder a través de las dádivas en un modelo de Estado benefactor.[107] La ciudadanía con una cultura democrática muy rudimentaria no alcanza a comprender su responsabilidad en la consecución de un Estado funcional, el cual logre, por medio de los recursos disponibles, implementar las políticas públicas adecuadas que contribuyan con la población para salir de la pobreza.

Por aparte, existen elementos que se confabulan para que la corrupción siga prevaleciendo en el país. Algunos grupos de burócratas pueden compararse con verdaderos "cárteles" que se escudan en los sindicatos para no ser removidos. Los gobernantes, en algunos casos, tienen las manos atadas o se someten a la presión que ejercen los grupos por razones de interés político. Los financistas del sector privado, quienes colaboran con las campañas proselitistas, se acercan a las agrupaciones políticas con el fin de conseguir contratos para sus empresas. Saben de

---

[107] Ángels Masó, *Critican entrega de bolsas solidarias*. En: Prensa libre (Guatemala, 17 de diciembre 2009) p. 6.

antemano que, financiando a los candidatos se aseguran clientes dentro de las instituciones del Estado para los insumos o servicios –algunas veces innecesarios– que ofrecen, lo que les permite obtener ganancias millonarias. Algunas personas con verdadera vocación de servicio que integran los partidos políticos, generalmente son excluidas de los espacios para cargos de elección popular. Son personas que por su honorabilidad reconocida no suelen prestarse al contubernio, razón por la que no son bienvenidos en estas agrupaciones. Los máximos dirigentes de los partidos son quienes conocen a fondo la componenda, reparten los puestos y se enriquecen con los negocios de la política.

Es evidente que los pueblos de América Latina no han sabido escoger a sus gobernantes. Constantemente, son engañados con falsas promesas de campaña que los políticos traicionan sin ningún recato. Los gobernantes se dejan intimidar por el crimen organizado, los financistas de su campaña, el poder económico, los grupos de presión social y la comunidad internacional. Los gobiernos no tienen una autonomía eficaz que asegure la gobernabilidad, porque la *casta política* está viciada. El perfil del político actual es de una persona rapaz, capaz de vender al país por unas monedas. Los ciudadanos, en general, son apáticos o se sienten impotentes ante el despilfarro de las autoridades.

Este tema de la corrupción también está muy ligado a la recaudación tributaria. La actitud de despilfarro y robo de los gobiernos hace que algunos empresarios y comerciantes se vuelvan renuentes a pagar impuestos. El derroche y la corrupción en el gasto público impide que el gobierno invierta fondos en salud, educación o implemente acciones enérgicas para brindar seguridad a las personas. También se traduce en menos inversiones para proyectos de infraestructura. En ese sentido, la corrupción permite que se pierdan recursos en el pago de plazas fantasmas, asesores innecesarios, viáticos o sobrevaloración de insumos que drenan valiosos recursos. Estos ingresos, según nuestro criterio, deben destinarse a programas educativos, equipo o herramientas tecnológicas para los cuerpos de seguridad y capacitación para jueces y fiscales, por mencionar algunos rubros que necesitan de atención urgente. Los niveles de descomposición han llegado a límites insospechados. Diariamente se despilfarran grandes sumas para contratar consultorías, realizar estudios de factibilidad o para financiar instituciones inoperantes. Se dilapida el dinero de la ayuda internacional en viajes, programas infructuosos, regalos y dádivas que solo contribuyen a fomentar una codependencia entre el individuo pobre y un Estado paternalista.

Por aparte, se crea una economía oculta, *no observable*, ligada a la corrupción que, al igual que la riqueza generada por la delincuencia y el narcotráfico, distorsionan el mercado. Esta economía fusionada a las acciones ilícitas y al lavado de dinero tiene la capacidad de empobrecer a unos para enriquecer a otros pero además, tiene una incidencia en la libertad real del ciudadano. La economía *no observable* se entremezcla con la economía legítima causando distorsiones en el balance social por la incidencia en las desigualdades y en la movilidad. Al respecto, el informe, *La Economía no Observada* publicado por el Programa de las Naciones Unidas para el Desarrollo, sostiene que, la economía nacional está siendo impactada por actividades ilegales no observables que tienen incidencia en los recursos financieros y las transacciones ilegales, las que entran en el flujo monetario sin ser contabilizadas. Al igual que el narcotráfico, la corrupción afecta el cambio de estatus de las personas. Se manifiesta en los símbolos y las pautas de consumo que imitan a los sectores pudientes. El dinero obtenido de forma ilícita induce el ascenso social pero, a la vez, produce una distorsión de precios que afecta en cascada a los más pobres. Los que no tienen la misma capacidad adquisitiva.[108]

Las distorsiones provocadas por la corrupción en la movilidad social amplían las brechas económicas originadas en el despojo. Pero existen también otras causas como las prácticas monopólicas propias de la globalización. Hay una marcada tendencia, en las grandes compañías transnacionales, por implementar políticas que consisten en bajar salarios y reducir costos de producción, mientras se amplían los gastos en publicidad, mercadeo o expansión de sus operaciones. La visión de "progreso", impulsada por la industrialización, genera una economía de enriquecimiento que puede tener como resultado el empobrecimiento de la mayoría. A esto se debe sumar el deterioro ambiental derivado de un sistema económico basado en la productividad ilimitada. No significa que debamos entrar en una etapa de retrocesos ni renegar de los avances del Siglo XX. Sin embargo, es conveniente que la población reciba los beneficios de la tecnología, la competitividad y todos los elementos que inciden en el crecimiento económico de las personas. Los grandes consorcios han sido, hasta ahora, los que han obtenido más beneficios en detrimento de países enteros. Esta forma de riqueza causa una descomposición social que puede llegar a puntos críticos de ingobernabilidad, sino se le presta atención.[109]

La polarización es también dañina para las sociedades con democracias incipientes. Algunas personas continúan dividiendo al mundo en izquierda y derecha, piensan en el futuro con ideologías del siglo pasado y desechan, por tanto, cualquier propuesta que sea contraria a su fanatismo. Por una parte, a cierto sector empresarial no le interesa conciliar sus intereses personales o los de sus empresas con la realidad

[108] Programa de las Naciones Unidas para el Desarrollo. *La economía no observada: una aproximación al caso de Guatemala*. PNUD (Guatemala, 2009)
[109] Joseph E. Stiglitz, *El malestar en la globalización*. Punto de Lectura (Madrid, 2002)

nacional. Como contrasentido, los grupos de presión de izquierda siguen manifestando la misma ideología sectaria que tampoco le permite a la sociedad avanzar en la construcción de un mejor país o bien de una mejor comprensión entre los conciudadanos.

Las teorías económicas de corte social han fallado en combatir la pobreza. Pero, más aún, sacrificar la libertad individual para implantar un Estado benefactor no constituye, en definitiva, una solución. En Guatemala es ilógico pretender el ensayo de sistemas socioeconómicos que en otras partes del mundo han fracasado rotundamente. Aún hay tiempo para reorganizar o modernizar el Estado, promover el cambio de actitudes entre la juventud, dejar de lado las interpretaciones personales, los tabúes, los dogmas, las ideologías de extrema izquierda o de extrema derecha y ponernos a trabajar. Los intereses sectarios, la mediocridad, la intolerancia o la indolencia solo favorecen la consecución de un Estado fallido[110]. El reto es promover la identidad del ciudadano hacia una sociedad integrada que anhele un futuro sostenible para la humanidad.

El exceso de burocracia y el tortuguismo impiden el crecimiento de la economía, afecta la recaudación de impuestos, la cual, entre otros factores, se traduce en la baja efectividad de los pocos programas implementados por las instituciones de gobierno. A esto se suman los costos por comisiones o "mordidas" que se ven obligados a pagar los usuarios de servicios, los proveedores o los contratistas del Estado. Es difícil cuantificar el costo social traducido en oportunidades y creación de riqueza perdidos por causa de estas anomalías económicas. ¿Cuántos empleos no se generan, cuántos salarios no se pagan, cuántas inversiones no se realizan? Muchas oportunidades para salir de la pobreza se pierden por razón de la corrupción o la burocracia excesiva.

---

[110] Estado fallido. Término ambiguo que califica a un Estado débil, con poco control sobre la actividad delictiva dentro de su territorio.

Los montos son incalculables, las consecuencias, impredecibles. La corrupción favorece la disminución de las inversiones privadas. En algunos casos, frena el surgimiento de nuevas empresas generadoras de empleos, les provoca gastos innecesarios retardando el inicio de proyectos de inversión. Los ciudadanos, como también las empresas, pierden tiempo y recursos por la ineficiencia de los gobiernos. Un ejemplo sencillo es el gasto que realizan los ciudadanos en fotocopias que los funcionarios públicos solicitan para cualquier trámite. Los ciudadanos, en el ir y venir, gastan combustible o pagan transporte y parqueos, con tarifas exorbitantes, mientras que los burócratas pierden el tiempo archivando, clasificando y guardando papelería inservible.

Recientemente, ha salido a luz un caso que ilustra a la perfección el problema económico que genera la corrupción. Argentina y Uruguay se han enfrascado en un prolongado conflicto por causa de la industria papelera –fábricas de celulosa–, que a raíz de la corrupción en Argentina decidieron instalarse en Uruguay. Algunos funcionarios argentinos que en su momento defendieron la ubicación de las papeleras en su territorio hoy se oponen, con la excusa de la contaminación que estas fábricas pueden ocasionar en el río Uruguay. El proyecto inicial era montar las fábricas en la margen argentina del río. Aquellos funcionarios públicos aprobaron una propuesta que incluía beneficios económicos personales, "coimas". Las empresas extranjeras se negaron a pagar estas comisiones ilegales. Los argentinos, por causa de los funcionarios corruptos, perdieron fuentes de empleo. A los políticos argentinos se les fue de las manos el negocio, por tal motivo, organizaron protestas con grupos de campesinos y activistas ambientales para oponerse a la instalación de las papeleras en la otra margen del río. Este conflicto lleva años sin resolverse, las carreteras y puentes que comunican ambos países están tomadas, el paso está vedado, las pérdidas económicas en ambos lados del río son incalculables. Con este ejemplo, queda de manifiesto que los grupos de presión social están siendo financiados por sectores políticos con intereses particulares.[111]

La corrupción no puede ser resuelta en el corto plazo, las raíces son profundas y se han arraigado por largo tiempo. Un gobierno comprometido con la población –no con las mafias–, puede lograr avances en el combate a la corrupción. Sin embargo, no se vislumbran cambios en el corto plazo por la estructuración misma del sistema. Se puede fortalecer la administración de justicia como estrategia para acabar con la impunidad, pero el problema es muy complejo, por lo cual se requiere de otro tipo de acciones. Cabe decir que en Guatemala, el Organismo Judicial es una entidad poco eficiente en la administración de justicia. En ese sentido, la dinámica del derecho es una paradoja que, en apariencia, no tiene solución. La corrupción es un entramado que está adherido en todo el sistema y, en este sector, el Organismo Judicial se refleja de una manera siniestra por ser la institución encargada de administrar, precisamente, justicia. Es importante, en consecuencia, fortalecer el sistema jurídico. Los empleados, dirigentes o funcionarios públicos transgresores deben de ser encarcelados y sancionados económicamente por esos delitos. Esta estrategia es clave para escarmentar a quienes infringen la ley.

El Estado gasta millones, del presupuesto nacional, para pagarles salarios a los funcionarios que se niegan a trabajar eficientemente. Muchos de ellos se escudan en los sindicatos, que utilizan como plataforma política, para lanzar discursos radicalizados. Casi siempre, sus actitudes conllevan el afán de enriquecimiento personal. Por tanto, como cualquier otro empleador, el ciudadano debe fiscalizar a sus funcionarios penalizando drásticamente todo acto delictivo. Las personas particulares y los

---

[111]   En: http://www.youtube.com/watch?v=FikVBV6OUnw&feature=player_embedded

empresarios pueden contribuir para no seguir abonando la corrupción. Los cargos públicos deben ser ocupados por personas idóneas que no se presten al saqueo de las arcas nacionales. En este esfuerzo, los partidos políticos están obligados a dejar de lado las viejas prácticas del clientelismo, renovarse y dar la oportunidad a los ciudadanos íntegros para que éstos accedan al poder. La incidencia de la corrupción en la pobreza se hace evidente por el desempleo, por la baja recaudación tributaria y por la poca inversión en el desarrollo del país.

Un problema grave es la desestabilización social que causa la corrupción o la violencia estructural. Algunos países hacen esfuerzos por mantener a flote sus precarias democracias, la falta de presupuesto para paliar las necesidades de la población dificulta esa tarea. La corrupción a gran escala incita los alzamientos en armas –los golpes de Estado–, que devienen en guerras civiles. En algunos países, con problemas severos de gobernabilidad, se han instalado dictaduras en donde se permite toda clase de desmanes, despojos y delitos de *lesa humanidad*. Estos países son, generalmente, azotados por las hambrunas, las pestes y una serie de problemas sociales difíciles de solventar.

Estos ejemplos se transforman en tragedias nacionales como es el caso de Somalia –país ubicado en el Cuerno de África– en donde subsisten dos estados independientes, uno dentro del otro, con gobiernos distintos. En ese país existe una región llamada Somalilandia que ha logrado instaurar el Estado de Derecho y la paz social, lo que permite a sus habitantes desarrollarse en un ambiente menos convulsionado que el resto de su territorio. El país está dividido políticamente, pero es uno los pocos en el mundo conformados por una sola etnia, que comparte la fe y el idioma. Los somalíes ostentan un nacionalismo y una etnicidad exacerbada que impide la intervención del Estado. Antiguamente, se regulaban las relaciones entre clanes de una manera ancestral, es decir respetando la autoridad de los ancianos y jerarcas. Con el arribo de la cultura occidental –británica e italiana– se instaló la corrupción, el contrabando y se perdieron los mecanismos para la resolución de los conflictos. La población, cansada de las invasiones, las dictaduras y la corrupción se encuentra sumida en el caos y la desesperación. Somalia, según el Fondo para la Paz de las Naciones Unidas, ocupa el primer lugar en la lista de los Estados fallidos. El gobierno ha cambiado de manos tantas veces que es imposible la vida en esas condiciones. Muchos han salido a refugiarse en la República Autónoma instalada en Somalilandia o han terminado en campos de desplazados en Kenia o Yemen. El país está en ruinas por causa de la violencia y la corrupción descontrolada.[112] La situación que se vive en Somalia y otras regiones del mundo es una tragedia que podemos comparar con la situación que vive Haití, país caribeño que se debate entre la inestabilidad política y la pobreza extrema.

El proceso histórico de Guatemala en el Siglo XX, a consecuencia de los gobiernos corruptos, está en riesgo de una crisis de gobernabilidad. La hambruna agravada por los problemas ambientales está causando un aumento acelerado de la pobreza en los lugares desérticos del país. Mientras el Estado, con los programas sociales asistencialistas, reparte dinero entre pobladores con ingresos y deja desamparadas a las familias que habitan las regiones menos accesibles, a los ciudadanos más vulnerables.

Las naciones sobrepobladas enfrentan dificultades, incluso, los países con recursos abundantes, como la India, no siempre pueden ser naciones en auge. En la mayoría de casos, esto se debe a las tensiones culturales, los enfrentamientos históricos o la guerra por el dominio de los recursos.

---

[112] Robert Draper, *Somalia Destrozada*. En: National Geographic (México, Septiembre 2009) (Vol. 25), No. 3, pp. 24-53.

La mejor manera de salir de los problemas es instaurar un gobierno basado en un Estado de Derecho legítimo, fortalecer las instituciones de gobierno, fomentar la inversión privada y desalentar la aparición de las insurrecciones armadas. Estas pueden ser las herramientas más apropiadas para instalar gobiernos estables, democracias de largo plazo, naciones con esperanza.

Países como Guatemala están siendo conducidos por personas con poca capacidad, se adecuan al perfil del político arribista. Por el mismo proceso histórico, en el país no hay individuos con perfil de estadistas, capaces de implementar políticas públicas urgentes que permitan terminar con la impunidad, la injusticia y la violencia, entre otros flagelos sociales. Los últimos gobiernos, entre la corrupción y el despilfarro, no han desarrollado planes adecuados para realizar la gestión administrativa de un país tan complejo como éste. La multiculturalidad, que puede ser un obstáculo, es también una oportunidad para encontrar factores de convergencia y de diálogo. Es factible formar una identidad basada en la fusión con algunos de los elementos que nos definen como país. El sentimiento de pertenencia a un grupo puede afianzar los lazos de entendimiento entre la ciudadanía, situación que puede hacer viable la paz social, el desarrollo y la integración con el entorno.

La corrupción solo puede combatirse con actitud decidida, con verdadera vocación de servicio hacia la comunidad. Se necesita, además, una ciudadanía consciente y comprometida. Un sector empresarial que no acapare para sí toda la riqueza. Gobernantes, partidos políticos y otras entidades están llamados a realizar los cambios necesarios en las instituciones del Estado para que se pueda contener el despilfarro de los fondos públicos. Estos actos delictivos deben ser penalizados y sometidos a la censura social.

En Guatemala, recientemente, los medios de comunicación -así como algunos legisladores- se han dado a la tarea de exponer públicamente los actos de corrupción en el gobierno. En el juego de poderes, la prensa, denominada también el "cuarto poder" por su papel "fiscalizador", entra, a veces, en componendas con el gobierno de turno que la soborna para acallar cierta corrupción. En ese sentido, los medios apañan a la casta política vendiendo la opinión a favor de algunos.

El fenómeno de la corrupción es determinante en la persistencia de la pobreza, debido a la ausencia de una política de Estado que busque erradicarla o al menos contraerla de manera que no afecte el balance social. Existen muchas razones para el pesimismo, pues no se vislumbran cambios en el corto plazo que aseguren la gobernabilidad. En tanto, la sinfonía de la corrupción continúa dirigiendo el destino de muchas naciones y colocándolas al borde del colapso.

Capítulo IX

Solución integral o catástrofe total

Bajo la lógica del crecimiento industrial, se plantea una contradicción de carácter irresoluble entre la utilización de los recursos naturales del planeta y la ampliación de la frontera cultural. Un contrasentido que apunta a la extinción de la especie humana.

Estos ensayos sustentan la tesis que el crecimiento demográfico –de forma exponencial– hace entrar en crisis a toda la civilización por el impacto industrial en el ambiente. Contradicción, en este punto de la curva demográfica, que puede llevar a la extinción de la misma raza humana. Asumir cualquier posición es crítico, tanto para la reserva de los recursos naturales como para la continuidad en la productividad del sistema industrial. En este momento de la historia es impensable, desde los planteamientos de los ecologistas, detener el proceso productivo. Esa postura encaminaría, de una manera más tajante, la extinción de la humanidad. Sin embargo, tampoco podemos desdeñar las voces de alarma, tanto de los ecologistas como de las personas con un criterio moderado, sobre los evidentes cambios climáticos que están ocasionando desastres naturales que inciden en lo social. Una posición crítica nos debe hacer reflexionar sobre la utilización de los recursos naturales y la vida humana del planeta.

Comprendemos que la ecología, como sustento de vida, está afecta al equilibrio necesario entre todos sus componentes bióticos. Los humanos forman parte de este equilibrio, son un elemento más. Sin embargo, dentro del proceso civilizatorio, particularmente el occidental, los sistemas ecológicos –de diversa naturaleza– se encuentran al borde del colapso por la avidez humana en la obtención de recursos. La generación de riqueza a partir de la explotación indiscriminada del planeta se ha agudizado en el último siglo.

En consecuencia, tenemos un planteamiento aniquilador. La civilización entra en un proceso de auto eliminación por esta contradicción de carácter irresoluble. A la dinámica de crecimiento industrial se le debe imponer un criterio de sustentabilidad por la vida misma. De no ser así el planeta, como una unidad, reacciona ante la masiva destrucción del entorno ecológico y busca formas de adaptarse. Por ejemplo, los experimentos con bombas atómicas en los atolones crean fisuras en las fallas geológicas causando los grandes maremotos. Tenemos un equilibrio en el planeta que alteramos con la intervención de la actividad creadora del *hombre,* para procurar la subsistencia como especie. Por eso debemos cuestionar los criterios de los ecologistas que proponen un retorno al pasado. En ese afán, ha sido la actividad humana la que ha impulsado el dominio sobre la naturaleza para asegurar su subsistencia e imponerse como especie. Entonces, nos parece una posición infantil el argumento de muchos ecologistas, ya que, intentar detener el proceso industrial de una manera abrupta, sumergiría al mundo en la peor de las crisis y la humanidad se extinguiría de una forma violenta, como lo hemos expresado.

Un ejemplo demoledor de los daños que se avecinan debido al cambio climático, es el derretimiento de los glaciares perennes del Himalaya y el impacto que esto tiene en las comunidades que viven del recurso hídrico estacional en ese entorno ecológico. El efecto de los gases de invernadero crea el calentamiento global lo que provoca el deshielo, alterando de tal manera la vida de las comunidades rurales que los pobladores se ven obligados a la migración para su subsistencia. Estos grupos humanos –con prácticas ancestrales– se ven dañados por la producción industrial. Asimismo, somos copartícipes de la contaminación porque millones de toneladas de desechos sólidos se esparcen sobre el planeta creando "zonas muertas", no utilizables ni para cultivos ni para la vida. Una variedad de polímeros, derivados de los combustibles fósiles, se establecen en ese espacio haciendo colapsar la vida silvestre y degradando el ambiente. Para el caso particular de Guatemala los lagos de Amatitlán y Atitlán, en donde se asentaron civilizaciones en las márgenes, desde los tiempos prehispánicos, en la actualidad están contaminados por el impacto industrial. Además, la sobrepoblación ha modificado la vida silvestre de ese entorno de tal manera que algunas especies han desaparecido.[113]

Existe evidencia del daño que se le ha ocasionado al planeta, la cual conlleva la extinción de miles de especies y, al final, el propio colapso como civilización. Pero debemos comprender el contrapunto de la era industrial porque, ahora más que nunca, la humanidad encuentra múltiples opciones para resolver los más diversos problemas de su existencia. Así, por ejemplo, en este proceso industrial se producen toneladas de desechos sólidos por el consumo, el cual crea una unidad entre productores y consumidores que genera, a su vez, empleo para millones de seres humanos. Unidad indisoluble en sí misma, porque presupone una lógica de crecimiento.

También se debe considerar como un elemento de análisis en la actual crisis ecológica el manejo de la información ampliada. La misma lógica industrial, en la era de la revolución informática, nos permite acceder a una cantidad de información como no había sucedido en la historia de la humanidad. Por los medios de comunicación obtenemos múltiples criterios expuestos al mismo tiempo sobre los más diversos temas. Ahora, en tiempo real, conocemos y tenemos información de los desastres naturales. En estos días, abril 2010, la erupción de un volcán en Islandia

---

[113] Claudia Méndez Villaseñor, *Próxima batalla será por el agua*. Previsiones del Instituto de Incidencia Ambiental (IIA) En: Prensa Libre (Guatemala, 7 de diciembre de 2009) p.5.

está ocasionando una crisis severa en las vías de comunicación aérea, la ruta del Polo Norte. Este manejo de información se presenta con sus evidentes beneficios, pero también tiene sus propias limitaciones o intereses. Es imprescindible cuestionarnos –no desde la posición moral del bien o del mal– sino con un criterio sobre manejo de información ¿cómo se sostiene un sistema industrial en su conjunto? La lógica productiva y de consumo puede aniquilar, sí es necesario, regiones enteras en beneficio de éstos intereses. Lo que se expone en los medios de comunicación, en muchas ocasiones, está tergiversado para justificar este crecimiento industrial. No debemos expresar axiomas de carácter moral sobre la comunicación, sino comprender cómo la actividad humana, desde el criterio de sobrevivencia individual, ha empujado la dinámica social al actual estado de posible extinción. Entonces, el discernimiento que debe privar sobre la crisis ecológica, con todo e información de nivel mundial, es una postura de reserva sobre el ambiente en favor de la humanidad. La información debe contribuir a la administración de estos recursos para la sobrevivencia y no únicamente el lucro.

Según el Centro de Estudios para América Latina -CEPAL, la región espera un incremento mayor de la pobreza. Esta tendrá consecuencias más profundas entre las mujeres y niños menores de 15 años, lo que nos obliga a actuar de manera determinante en materia de crecimiento demográfico. Guatemala no tiene una política definida sobre el tema del crecimiento poblacional y se encuentra atrasado con respecto a otros países.[114] Las tasas de crecimiento demográfico tienen mayor incidencia en el área rural guatemalteca. Impulsar los beneficios del sistema occidental en estos lugares, es una necesidad urgente, puesto que son estas comunidades quienes se ven más afectadas por las sequías, la deforestación, la contaminación ambiental pero, sobre todo, por la muerte

---

[114] CEPAL, *Región tendrá 9 millones más de pobres en 2009*. En: Siglo XXI (Guatemala, 20 de noviembre de 2009) p.20. *EFE y AP*

de niños y madres que no reciben atención adecuada en la prevención de la salud reproductiva. En consecuencia, hay un exceso de población que carece de los servicios públicos tales como escuelas y centros de salud. Estos habitantes rebasan los límites de lo que el Estado puede proporcionar de acuerdo a sus recursos.[115]

En la actualidad, hacer un buen gobierno es casi un imposible, dadas las condiciones de hacinamiento en las áreas urbanas y rurales. Hay aspectos que perjudican la gestión de gobierno como la corrupción rampante y las políticas de corte electorero. En Guatemala, y en la región latinoamericana, no han llegado al poder personas con calidad de estadistas. En los diversos escenarios, la gran mayoría de políticos no tienen la capacidad ni la honradez para plantear posibles soluciones a los más diversos problemas de un país. Por aparte, existe un debate que no ha sido superado entre personas con ideologías radicales de izquierda o derecha. Algunos personajes de la vida pública siguen incitando a los ciudadanos ingenuos con el discurso de la "lucha de clases", el enfrentamiento entre ricos y pobres o el reparto de los bienes de otros. Estos personajes, sin ningún recato, promueven la aprobación de leyes confiscatorias con la finalidad de perjudicar la precaria riqueza del país. Realizan un ataque sistemático contra la empresa privada, se levantan protestas –sin análisis previo– en contra de cualquier proyecto de explotación industrial o energética que implique la utilización racional de un recurso. En ocasiones, manipulan a los grupos de "campesinos" para que se opongan a cualquier proyecto de inversión privada. Como ejemplo, las hidroeléctricas, que pueden contribuir a bajar los costos de la energía, proporcionar empleo tecnificado a los vecinos y promover el comercio en zonas que carecen de otros medios de producción.

---

[115] Leonel Díaz Zeceña, *Un alivio temporal de la pobreza no alcanza. En:* Prensa Libre, (Guatemala, 9 de noviembre de 2009) p. 4.

Los detractores del capitalismo en Guatemala no han logrado imponerse porque no logran unificar criterios, una actitud arribista se permea en toda su dirigencia. Además, sustentan sus análisis alejados del proceso histórico. En los países centroamericanos, sin importar la ideología de los dirigentes, la burocracia, el descontrol, la improvisación y el excesivo gasto de funcionamiento del Estado amenazan con el colapso de las economías. Los gobernantes de los países del tercer mundo han tenido que llevar a cabo reestructuraciones importantes para lograr incrementar la producción agrícola y sustituir la importación de alimentos. Pese a esto, el intercambio comercial –balanza de pagos– es negativa. En otras regiones, con gobiernos comunistas, el Estado posee la propiedad de la tierra pero ha tenido que concesionarla a los agricultores para incentivar la producción independiente y obtener divisas. Bajo este sistema político, el ciudadano es incapaz de crear libremente, generar empleo, obtener ganancias y pagar impuestos.

Los gobiernos paternalistas –con cierta identidad socialista– bajo el precepto del bien común, son responsables del atraso de los pueblos, por cuanto promulgan un Estado benefactor propenso a coartar las libertades individuales en supuesto beneficio del conglomerado social. Esta corriente se puso en boga por el arribo al poder de algunos gobernantes socialistas en los países latinoamericanos. En la actualidad, países como Brasil, Chile, Argentina y otros adoptaron políticas públicas encaminadas a repartir dinero entre segmentos focalizados de población aparentemente vulnerable. Una de estas modalidades son las Transferencias Monetarias Condicionadas (TMC). Estas "ayudas" no han tenido los efectos deseados en países como Guatemala, en donde la corrupción y el clientelismo político lo han convertido en un discurso demagógico y lo único que han logrado es erogar grandes sumas del gasto público sin una adecuada fiscalización, lo que al final incide en el aumento de la pobreza en todo el país. En ese aspecto, la pobreza está ampliamente extendida en todo el territorio nacional, por lo que las TMC se convierten en una limosna. Por aparte, la topografía accidentada de Guatemala dificulta llegar a los lugares remotos y esto incrementa los costos administrativos de estos programas. El Estado no cuenta con recursos para implementar este tipo de "dádivas", sin descuidar otras áreas importantes como la seguridad ciudadana, la justicia o la educación, por mencionar algunos. Los fondos estatales casi siempre van a parar a manos de los funcionarios públicos. A veces se condiciona el pago de estas transferencias monetarias con la afiliación política, el pago de comisiones ilegales o favores de cualquier tipo, con lo cual se desvirtúa, aún más, la intencionalidad de estos programas.

Los empresarios son quienes sostienen al Estado democrático con el pago de los impuestos, los mismos sirven para sufragar los gastos del gobierno. Estos empresarios pequeños, medianos o grandes, aportan para sufragar los salarios de los burócratas; mientras los políticos, sin ningún escrúpulo, se dedican a saquear las arcas. Cuando escasean los fondos para la ejecución presupuestaria la propuesta de los políticos, en todas partes del mundo, es elevar el endeudamiento o incrementar la carga tributaria. La población, por medio del consumo, financia ese gasto desmedido. El endeudamiento provoca inflación que, a su vez, acrecienta los problemas sociales afectando el desarrollo sostenible para las futuras generaciones. La mala ejecución presupuestaria profundiza la carencia y la pobre calidad de los servicios públicos. En Guatemala, muchas municipalidades están endeudadas por arriba de su capacidad de pago. Además, la orientación del gasto continúa siendo ineficiente, porque no se apunta a los proyectos de inversión. Países como México son golpeados por constantes crisis financieras debido al mal manejo del gasto público, por lo cual, las finanzas del Estado están a punto de quiebra. Otros países como Argentina y Bolivia, en América Latina, o países de la Eurozona, como Portugal y Grecia, tienen problemas mayores para balancear sus presupuestos. La deuda de estos países ha llegado a límites inmanejables. El derroche y la corrupción de los gobiernos les están pasando la factura a los ciudadanos. Según la lógica del dinero, la única salida es un incremento de impuestos, porque "alguien" debe pagar por los desmanes que, durante años, la *casta política* ha venido provocando en contubernio con algunos representantes de las entidades financieras de orden mundial.

En materia de administración pública no se puede enaltecer al capitalismo como el sistema económico ideal, debido a que tiene problemas para sustentar un presupuesto adecuado, por cuanto se sostiene de la productividad empresarial. El mundo se debate, como se mencionó antes, entre la sobrepoblación y la administración racional de los recursos naturales. El capitalismo desde la visión socioeconómica permite la exclusión de una parte de la población que se ve impedida para competir en un mercado globalizado. En el aspecto artístico este sistema deja de lado todo lo que no representa ganancias, sacrificando así las manifestaciones simbólicas que alimentan la espiritualidad. Uno de los mayores problemas es que produce desequilibrio social por la precariedad o la incertidumbre de los ciudadanos ante la pérdida de sus medios de subsistencia. La vulnerabilidad del mercado mundial crea inseguridad sobre el futuro, que se percibe inestable por la cantidad de fuerzas a las que queda sujeta la economía global. En un sistema económico tradicional las relaciones entre empleados y empleadores, o entre clientes y proveedores, se manifiestan de una manera solidaria. En la actualidad, estas relaciones son más efímeras, por lo cual desestabilizan al individuo, a las empresas, en definitiva, a todo el conglomerado social. La rapacidad del sistema alimenta un crecimiento en todo orden, aunque contenga su propia contradicción.

El sistema capitalista se ha sustentado por mucho tiempo en el despojo y el abuso sostenido a lo largo de la historia. La actual crisis provocada por una burbuja inmobiliaria se ha visto agravada por la ambición desmedida de los malabaristas de Wall Street y ha puesto en entredicho a los "fundamentalistas del mercado". La capacidad autorreguladora del mercado no es una tesis sustentable, por cuanto el oportunismo, la corrupción y la falta de escrúpulos, entre otros males, se han apoderado de todo el tejido social. Pero en la crisis interviene otro elemento importante, es el irrefutable efecto dañino del intervencionismo estatal en la economía. El principal responsable de la última crisis financiera resulta ser el gobierno de Estados Unidos que, en su afán por beneficiar a las personas sin acceso a vivienda, presionó a las entidades financieras del estado –Freddy Mac y Fannie Mae principalmente– para que éstas otorgaran créditos a las familias con poca capacidad de pago. Las hipotecas "basura" pronto llegaron al mercado en donde los "genios" de la bolsa las consolidaron en paquetes que luego vendieron a los inversionistas. Los bancos, algunas entidades gubernamentales e inversionistas privados en todo el mundo, compraron esos paquetes de inversión que resultaron ser un fiasco. Esto hizo que se contaminara la economía a nivel global produciendo una crisis de gran alcance. La intervención del Estado –en este caso de Estados Unidos– en la economía, provocó la caída de los mercados bursátiles con las consiguientes repercusiones en el desempleo y la pobreza.[116]

El mercado mundial es muy dinámico, está en constante cambio y se amplía con una fuerza, a veces, destructora. Las economías en desarrollo como la nuestra incorporan avances tecnológicos que mejoran las telecomunicaciones, por lo que se perciben como pujantes y versátiles. Sin embargo, evidencian contradicciones ante la globalización. El entramado, en la era de las comunicaciones, nos crea un fantasma ante el

---

[116] Andrew Gamble y Paul Walton, *El Capitalismo en crisis, la inflación y el Estado*. Siglo XXI editores (Madrid, 1997)

temor de que todos terminen trabajando para un amo, las transnacionales. Las mismas, con su capacidad e innovación tecnológica, acaparan las fuentes de trabajo y de producción. La globalización puede crear monopolios que obliguen a los ciudadanos a comprar y vender a un solo dueño. Una idea que puede parecer descabellada, pero no lo es. Los países desarrollados se han percatado del problema y se han apresurado para aprobar leyes que sancionen estas prácticas comerciales. Durante la reciente crisis inmobiliaria en Estados Unidos, unos cuantos millonarios utilizaron sus fortunas para salvar a los bancos, financieras e industrias de todo tipo. Por otra parte, la crisis ha hecho del gobierno norteamericano un "mega empresario", un gran inversionista. Incluso, en la actualidad, *la banca* está nacionalizada, situación que en otros tiempos habría provocado el pánico en *Wall Street*. Esta crisis tiene sus raíces en las malas políticas gubernamentales, en la rapacidad del mismo capitalismo para alimentar su autogestión y en la pésima gestión del mercado bursátil que ha puesto de cabeza las teorías económicas modernas.

El sistema capitalista conlleva el riesgo de que los monopolios terminen devorándolo todo. Por ello, tenemos la necesidad de mantener la competencia en igualdad de condiciones. La transnacionalización de las empresas es una tendencia actual que, entre otras cosas, origina la codependencia financiera hacia la banca internacional. La movilidad de bienes y de personas y el acceso a la información inmediata ha estimulado una rápida globalización de la crisis. Podemos citar al consorcio de la *General Motors*, el cual creció de una manera tan desproporcionada que se convirtió en una empresa que se engulló a sí misma, un monstruo difícil de manejar. Las deudas y las actividades comerciales de estas grandes empresas, poseen tentáculos en todas partes del globo. Por tal razón, los despidos masivos junto con el cierre de las unidades productivas, en varios países, han hecho colapsar economías emergentes. Como consecuencia de la crisis financiera actual, los grandes consorcios de la moda y el lujo han visto mermadas sus utilidades. Esto, por una parte, se debe a una mayor conciencia entre los consumidores por productos menos costosos o amigables con el ambiente. La venta de mercancías suntuarias cayó abruptamente causando la quiebra de algunas multinacionales. Las inversiones en publicidad y mercadeo de las marcas de lujo se redujeron significativamente.

El mundo está cambiando hacia una línea más consciente, privilegiando los productos locales, más accesibles para su distribución y menos contaminantes. Se prevé, en el futuro, una tendencia hacia los empaques biodegradables, las tecnologías limpias para la producción energética y el reciclaje. En la actual crisis, el poder adquisitivo de todas las personas ha disminuido, en consecuencia, muchos están apagando las luces, bajando el consumo en gastos superfluos, procurando ahorrar para evitar el descalabro de las economías familiares. La esperanza del futuro es la toma de conciencia ciudadana con respuestas rápidas y con acciones dirigidas a impedir un deterioro económico irreversible. La estrategia debe ser consensuada y simultánea en algunas regiones, para que las acciones de unos países no tengan repercusiones negativas en otros.

Como ejemplo, el combate al narcotráfico, cuando se focaliza, traslada el problema a otra región por la búsqueda continua de rutas abiertas al tráfico y distribución de estupefacientes. Lo mismo sucede con los migrantes ilegales, quienes constantemente descubren nuevas formas de evadir a las patrullas fronterizas. Es recomendable implementar políticas integrales a nivel regional para que no se trasladen los problemas de un lugar a otro. Por mencionar dos de los grandes problemas que atraviesa esta sociedad globalizada, el narcotráfico y el trasiego ilegal de personas.

Latinoamérica ha tenido una condición histórica de sumisión. La economía de los países de la región se basa en la producción de materias primas, las cuales no han sido drásticamente golpeadas por la actual crisis. Pero en la mayoría de países no se ha favorecido la inversión en capital humano, –educación, salud, nutrición– por tanto, la capacidad de las personas para protegerse ante las crisis financieras o catástrofes naturales es muy limitada. Las familias con menores recursos no cuentan con ahorros ni bienes que puedan vender en casos de emergencia, tampoco tienen un empleo estable y no existen programas estatales eficientes que les ayuden a paliar las necesidades más apremiantes.

Los pobres se enfrentan a esta condición que parece determinarlos a permanecer en esa situación por mucho tiempo. En casos extremos no pueden salir de la marginalidad lo que podría ocasionar mayor conflictividad social.

El Estado debe ser evaluado, fiscalizado y controlado por los ciudadanos. Además, debe operar con roles bien delimitados que permitan el desenvolvimiento de todas las actividades ciudadanas, sean estas públicas o privadas, empresariales o sociales. América Latina debe ampliar su presencia comercial paulatinamente en todo el mundo. Los tratados de libre comercio son necesarios, pero también pueden hacer colapsar la economía local o la industria nacional si no se protege adecuadamente el país. Las políticas públicas sobre aranceles, intercambio comercial de bienes y servicios así como los convenios en materia de integración regional son instrumentos legales para asegurar el trasiego de productos entre los países firmantes. El intercambio comercial debe fomentar el desarrollo con beneficios equitativos para todos. Las mejores oportunidades de empleo para la región latinoamericana se encuentran en las empresas de servicio y las actividades comerciales e industriales. Esto determina que se debe mejorar el nivel educativo en esas áreas para elevar el nivel de vida de los ciudadanos. Un crecimiento demográfico moderado es otro factor que contribuye con la oferta de mano de obra calificada, porque el Estado tiene mayores posibilidades de cobertura en salud y educación.

Los programas asistencialistas son mecanismos inadecuados, especialmente por las circunstancias actuales que enfrenta Guatemala. El gasto de la nación sigue siendo excesivo, el endeudamiento público no se está manejando con prudencia pues está en función de sostener un gobierno corrupto en el poder. Los fondos para los programas de asistencia social se han tomado de los rubros destinados, en el presupuesto, a la inversión en servicios de salud, seguridad, educación, protección del ambiente, mejoramiento de la infraestructura vial y turística. El gobierno actual se ha dedicado al asistencialismo populista –con fines electoreros– cuando su rol principal debe ser el de normar las actividades ciudadanas para que todos trabajen y produzcan en armonía. El abuso de poder, la corrupción y la burocracia crean las condiciones para el clientelismo político. Las comisiones, los regalos y las dádivas son estrategias utilizadas para mantener un Estado de Derecho vulnerable, a merced del narcotráfico, la delincuencia y las redes corruptas dentro del gobierno.

Una ruta posible que permita mejorar las perspectivas futuras de la región, es encontrar los mecanismos para implementar una solución integral; una postura que puede parecer ingenua o idealista pero que termina siendo la visión económicamente correcta que permite mantener un equilibrio social. La solución integral se acerca a una concepción del mundo en el cual los individuos apelan a un nuevo modelo de vida como seres humanos más completos. Este ideal debe privar por sobre la rapacidad, los intereses sectarios y el egoísmo.

La pobreza es una condición deleznable del ser, una situación que nadie desea padecer. Se han construido estereotipos que hacen ver al pobre como persona holgazana, sin aspiraciones y conformista. Pero la pobreza tiene orígenes e implicaciones complejas. Por ejemplo, el consumo se apoya en la escasez de bienes para fijar los precios del mercado.[117] Las personas compran porque carecen de esos productos, los cuales adquieren porque se les presenta una necesidad o porque les apetece. La pobreza puede convertirse en un elemento dinámico que empuja a las personas a esforzarse por conseguir bienestar. Se convierte en un motor de la economía que hace al individuo más creativo y eficiente, motivado para progresar. En algunos casos, la pobreza extrema se relaciona, de manera estrecha, con las conductas delictivas, los vicios, la incapacidad física, mental y las conductas antisociales. Un individuo escoge realizar trabajos poco rentables pero que pueden proporcionarle otras satisfacciones personales. La persona, en defensa de su libertad, es responsable de elegir la forma de obtener riqueza. Esta puede adquirirse por medio del emprendimiento, la innovación o la tenacidad. Pero se debe tener en cuenta que ninguna actividad está exenta de problemas ni de la posibilidad del fracaso. No se debe condenar a quien, por decisión propia, se inclina por la vía empresarial, por las actividades profesionales o por las actividades altruistas con remuneración simbólica.

La globalización marca una tendencia hacia la habilidad de los empresarios para comprender y replantear su papel en la sociedad. Un ejemplo son los nuevos movimientos que apoyan a los pequeños empresarios. Existen bancos especializados en otorgar microcréditos a las mujeres, las que se han convertido en los motores apropiados para potenciar las economías locales.[118] El crecimiento de las pequeñas industrias tiene incidencia inmediata en el combate a la pobreza. Los

---

[117]   El profesor Lionnel Robbins convirtió en gigantesco el campo de estudio de la economía, su conocida definición dice que la *Economía es una ciencia que estudia las relaciones entre fines y medios escasos, susceptibles de usos alternativos.* En: http://www.monografias.com/trabajos27/escasez/escasez.shtml (Consultada abril de 2010)

[118]   Jennifer Marroquín, *Reactivan economía con microcréditos.* En: Siglo XXI (Guatemala, 10 de noviembre de 2009) p. 5.

grandes consorcios han empezando a ceder espacios para que el pequeño y mediano empresario desarrolle industrias. Éstos se han convertido en microempresarios, proveedores y clientes de las multinacionales.

La pobreza, cuando abarca a un sector muy extenso de la población –como el caso de Guatemala– es en sí misma un obstáculo. Está enquistada en lo profundo de las estructuras sociales, por lo cual tiene consecuencias desfavorables para toda la sociedad, pero en especial para el medio ambiente y la economía. Las pautas de conducta tienen manifestaciones similares en todos los estratos sociales. Sin embargo, cuando no se cuenta con recursos para dar un manejo apropiado a los desechos, el deterioro se profundiza en las áreas marginales, lugares en donde habitan las personas de escasos recursos.

Los gobiernos son incapaces de contribuir con el bienestar de todos los segmentos poblacionales. No se han logrado erradicar los males que aquejan a la población desfavorecida en materia de acceso a la educación, la salud materno-infantil y salud reproductiva. La conducta sexual se encuentra descontrolada a tal punto que, día con día, una avalancha de jóvenes comienza a reproducirse. Son personas que no han tenido tiempo de educarse, de aprender un oficio que les permita ganar el sustento para sí mismos y para sus familias. En materia de planificación familiar se deben realizar acciones concretas, rápidas y efectivas con métodos de enseñanza más eficientes. Se pueden implementar soluciones creativas, como la realización de seminarios, foros o mesas de discusión en donde los alumnos participen con propuestas sobre temas variados como la sexualidad, la higiene y los deberes ciudadanos. Otra forma de hacer efectiva la enseñanza –de todo tipo de conocimientos– es a través de los juegos interactivos, documentales, medios electrónicos o audiovisuales novedosos y atractivos. El sistema educativo tradicional, basado en las clases magistrales, está desactualizado, por tanto, no es prudente utilizarlo con las nuevas generaciones. Por aparte, es necesario educar al estudiante en temas tan importantes como la nutrición, la protección de los recursos o los conocimientos académicos que resultan fundamentales para el desenvolvimiento cultural del individuo. La compresión de la ciencia y la tecnología, para el desarrollo de las actividades profesionales, deja de ser importante cuando no se tienen valores ni formación en el aspecto humano.

Para promover los cambios se necesita de voluntad, cooperación y acuerdos a nivel interinstitucional. A la fecha, las elecciones democráticas no han logrado instaurar gobiernos integrados por personas capaces, honestas y con verdadera vocación de servicio. Tampoco se han logrado consensos mediante el diálogo abierto, debido a los sesgos ideológicos y los resentimientos ancestrales. Los ciudadanos no hemos sabido construir un mejor país. La igualdad de derechos no es condición suficiente para que las personas alcancen niveles mínimos de bienestar, prosperidad económica, desarrollo humano, ambiental o social. Se necesitan cambios profundos en todas las estructuras, pero estos no se vislumbran cercanos. A medida que mejora la higiene, la sanidad y la nutrición, en los países en vías de desarrollo, se van produciendo sustanciales disminuciones en las tasas de mortalidad. En sentido contrario, continúan elevándose los índices de crecimiento demográfico en países subdesarrollados con resultados catastróficos para la seguridad del planeta.[119]

El mundo de hoy pasa por una situación alimenticia complicada, millones de niños padecen desnutrición. Existe déficit de sustancias nutritivas esenciales (proteínas, calcio o vitaminas). El exceso de alimento o de una determinada sustancia nutritiva se considera causa de desnutrición, un

---

[119]   Carolina Gamazo, *Nacer vivir y morir en Guatemala*. En: Prensa Libre (Guatemala, 9 de mayo de 2010) pp. 2-4.

problema que ocurre sobre todo en las culturas occidentalizadas. El balance de la demografía, del hambre y de la desnutrición sugieren que su solución reside en un aumento de la producción de alimentos, un reparto más equitativo de los mismos o ambas cosas a la vez. Pero las perspectivas de aumentar la producción alimentaria son inviables. Por una parte, se debe al consumo de agroquímicos para el control de malezas y plagas, por otra, debido a la huella ecológica que deja la actividad humana. Con optimismo, se puede creer que la tecnología puede solventar el problema del abastecimiento pero, debido al aumento en la población se predice un déficit en el futuro. La diversificación de cultivos puede proporcionar una variedad de alimentos que mejoren la dieta, por ende, la salud de las personas. El consumo de alimentos cosechados localmente, reduce la dependencia de las importaciones así como la huella ambiental que deja el transporte de mercancías en el planeta. Minimizando el uso de transporte y embalaje también aportamos a la conservación de recursos naturales.

Algunas actividades realizadas sin control, atentan contra la integridad ecológica de las reservas naturales como la ganadería, la explotación petrolera, la construcción de carreteras, la extracción de madera, los incendios forestales, la introducción de especies exóticas, la usurpación de tierras nacionales, el tráfico de drogas, los migrantes, los procesos de colonización, los asentamientos humanos y la deforestación.

La pobreza es un reflejo de la escasez de recursos materiales. Ocasiona los movimientos humanos no planificados por medio de los cuales se produce el sincretismo religioso –la fusión de creencias y ritos–, la hibridación de culturas y la transformación de las sociedades. Las espirales humanas danzan en armonía con estructuras políticas, sociales, religiosas o de otra índole, las cuales forman esquemas corruptos en casi todos los países, instaurando en ellos cierto grado de anarquía. Hasta hoy, estas estructuras han venido sustentando un sistema que, con errores y sobresaltos, ha logrado subsistir. La humanidad entera se asienta sobre un sistema precario, inestable, al borde del caos, pero se sostiene. En el mismo conviven la riqueza y la pobreza para crear un balance, sin el cual, la vida se hace insostenible en el tiempo. El sistema mantiene un orden, sin embargo, algunas estructuras pueden condicionar que exista una mayor incidencia de la pobreza en algunos lugares. Por ejemplo, una economía global, basada en la ambición desmedida, implica empobrecimiento. Los capitales se desplazan y con ellos personas que se trasladan de un lugar u otro. Este proceso de migración, en algunas ocasiones hace colapsar la economía de los países por los desbalances que provoca en la oferta y demanda de empleo, los servicios públicos o la seguridad. Las migraciones son causa de explotación y despojo para los recién llegados. Los individuos doblegan su dignidad y libertad para poder satisfacer las necesidades más urgentes.

Las estructuras de desigualdad vienen dadas desde el principio de los tiempos, la explotación del hombre por el hombre es una constante en la historia de la humanidad. El problema es que los recursos son finitos, cada vez más escasos y caros, lo que provoca el empobrecimiento acelerado. Quienes poseen los medios económicos despojan –lícitamente– a quienes no los poseen. Por tanto, el despojo, que se ha venido dando desde tiempos inmemoriales, es parte inherente al sistema mismo en su conjunto.

El problema demográfico es crucial para detener el avance de la pobreza porque tiene alcances globales. Debido a que, existen regiones más pobres que otras, se crea esa tendencia de explotación y despojo de los recursos. La estratificación social sugiere las diferencias a partir de las pautas de consumo. Son pobres quienes no poseen capacidad para adquirir bienes. Pero el libre mercado abarata los costos de producción para que más personas puedan acceder a esos bienes. La humanidad se acerca peligrosamente a una homogenización del pensamiento. Los medios de comunicación la televisión, el cable o la Internet, acortan las distancias entre ricos y pobres, quienes terminan consumiendo las mismas marcas, los mismos productos.

Sin embargo, el profesor Martin Jänicke (Alemania, 1937) afirma que, *Estamos asistiendo al final del modelo de éxito económico del Siglo XX. La producción masiva industrial, sobre la base de materias primas baratas, se halla en crisis. Este modelo de industrialización con extrema utilización de recursos naturales, ha condicionado nuestras vidas en casi todos los ámbitos, desde el sistema energético hasta las estructuras del transporte y la división internacional del trabajo. La sustitución permanente de mano de obra por energía barata es parte de ese modelo. Todo lo anterior tiene su asidero en los cambios profundos, mediante los cuales la producción basada en el conocimiento dará lugar a una revolución de la eficiencia en el consumo de recursos naturales, materiales, energía, agua y tierra.*[120]

En ese aspecto, los científicos opinan que la tierra se ha tornado inestable e imprevisible. La contradicción entre progreso y medio ambiente, hasta este momento, no se puede conciliar.[121] La fragilidad del planeta se ve plasmada incluso en el turismo a gran escala. Éste contribuye al deterioro ecológico debido a los largos viajes en avión, que incrementan las emisiones de CO_2. En la Asamblea General de las Naciones Unidas del año 2000, se aprobó la Declaración del Milenio[122]. En la cual se reconoció la responsabilidad de los gobiernos para con la sociedad, estableciendo ocho compromisos para el logro de metas que permitirían la nivelación de todos los países frente a la globalización. Estas metas se presentan, aún hoy en día, como materias pendientes para la mayoría de países.

---

[120] Martin Orth, *10 preguntas a Martin Jänicke*. En: magazine-deutschland, No. 5 (Octubre/noviembre 2009) pp. 38-40.

[121] Reinhard Osteroth, *En el centro de la Investigación climática*. En: magazine-deutschland.de, No. 5 (octubre/ noviembre 2009) pp. 21-26.

[122] Recuperado el 26 de abril de 2010. En: http://www.un.org/spanish/milenio/ (Consultada abril 2010)

Los grandes desafíos continúan siendo la disminución del crecimiento demográfico, la atención en salud y la protección o buena administración de los recursos naturales. Frente a la degradación del planeta, nos queda procurar recursos para el saneamiento de la economía. Las soluciones integrales solo pueden implementarse con la participación de todos los integrantes sociales, caso contrario, las repercusiones pueden llegar a ser catastróficas para la humanidad.

Estos ensayos solo pretenden replantear los roles de los individuos en una sociedad globalizada sirviendo, a la vez, de catalizadores para mediar entre la modernidad y una sociedad marcada por el conflicto.

Bibliografía

Declaración Universal de los Derechos Humanos, Asamblea General de las Naciones Unidas, res. 217ª (III) (Paris, 10 de diciembre de 1948)

Decreto del Congreso. Fecha de Emisión: 17/6/1952 Fecha de Publicación: 17/6/1952.

Draper, Robert. (Septiembre 2009) *Somalia Destrozada*, National Geographic. (Vol. 25) No. 3, pp. 24-53.

Duff, E. y Mac Cammant, J. (1976) *Violence and Repression in Latin America*. New York, NY/London, England: The Free Press.

Gamble, Andrew y Walton, Paul. (1997) *El Capitalismo en crisis, la inflación y el Estado*. Siglo XXI editores, Madrid.

Godínez Orantes, Rodolfo. (2002) *Asentamientos Humanos Establecidos a Través del Fondo de Tierras en Guatemala: Impacto Sobre el Medio Ambiente*, USAC. Dirección General de Investigación, Programa Universitario de Investigación en Estudios de Coyuntura. (Guatemala, Junio, 2002)

Instituto Nacional de Estadística, INE. (2003) Censos 2002: XI de población y VI de Habitación. Guatemala.

Instituto Nacional de Estadística. (2003) Censos 2002: XI de población y VI de Habitación. Guatemala.

La Bastille, Anne. (Noviembre, 1981) *Acid Rain*, National Geographic. (Vol. 160), No. 5, p. 652-680.

López Austin, Alfredo y López Luján, Leonardo. (2001) *El pasado indígena*. El Colegio de México, México.

Manzanilla, Linda y López Luján, Leonardo. (1989) *Atlas Histórico de Mesoamérica*. Larousse, México.

Nealson, K. H., Conrad, P. G. (1999) *Life: past, present and future, Philosophical Transactions of the Royal Society B*. (Vol. 354) No. 1392. pp. 1923-1939, DOI: 10.1098/rstb.1999.0532.

Orth, Martin. (5 octubre/noviembre 2009) *10 preguntas a Martin Jänicke*. En: magazine-deutschland.de No.5. pp. 38-40.

Osteroth, Reinhard. (Octubre/ noviembre 2009) *En el centro de la Investigación climática*. En: magazine-deutschland.de No. 5. pp. 21-26.

Programa de las Naciones Unidas para el desarrollo, PNUD. (2009) *La economía no observada: una aproximación al caso de Guatemala,* Cuadernos de desarrollo humano, 2007-2008 – 4. p. 32. pp. 10-11.

Programa de las Naciones Unidas para el Desarrollo, PNUD. (2009) *La economía no observada: una aproximación al caso de Guatemala*. Guatemala.

Proyección climática global. (2009). magazine–deutschland.de (No. 5) p. 9.

Revista de CEPAL No.56 (Agosto 1995) p. 164.

Salopek, Paul. (Abril, 2008) *El lado cruel de África*. National Geographic. (Vol. 22) No. 4. p. 2-33.

Solimano, Giorgio y Taylor, Lance. (1981) *Política y Alimentos en América Latina*. Centro de Estudios económicos y sociales del tercer mundo –CEESTEM. Ed. Nueva Imagen.

Stiglitz, Joseph E. (2002) *El malestar en la globalización*. Punto de Lectura, Madrid.

Torres Amat, Félix. *La Sagrada Biblia*. La casa de la biblia Católica, Ed. Sopena, Argentina. pp. 16-17.

Páginas Electrónicas

1542 leyes nuevas de indias En: http://es.wikipedia.org/wiki/Leyes_Nuevas (Consultada enero de 2010)

Álvarez, Lorena. (2010) *Economía Ilegal: el 10 por ciento del PIB,* El Periódico, (Guatemala, 29 de enero) En:

http://www.elperiodico.com.gt/es/20100129/economia/135272/ (Consultada febrero de 2010)
Artieda Vega, Gabriela. (24 de febrero de 2008). Definición del ser humano. En: http://psiquis.foroactivo.com/psicologia-general-f1/definicion-del-ser-humano-t26.htm (Consultada febrero de 2010)
Carhuamaca Zereceda, David. En: http://www.monografias.com/trabajos27/seguridad-ciudadana/seguridad-ciudadana.shtml (Consultada marzo de 2010)
Carrillo-Flórez, Fernando. En: http://www.pensamientoiberoamericano.org/articulos/0/26/0/seguridad-ciudadana-en-america-latina-un-bien-publico-cada-vez-mas-escaso.html (Consultada febrero de 2010)
Cohen, David. (*2007) Metales raros: advierten que están a punto de desaparecer. En:* La Nación (Argentina, *12 de junio)* En: http://www.lanacion.com.ar/nota.asp?nota_id=916640 (Consultada noviembre de 2009)

Conflictos entre cachiqueles y tzutuhiles. Municipalidad de Patulul. En:

http://patulultradiciones.blogspot.com/2009_12_01_archive.html (Consultada marzo de 2010)

Conmoción por la masacre en Nigeria. (9 de marzo de 2010) Crítica de la Argentina. DPA. En:

http://www.criticadigital.com.ar/index.php?secc=nota&nid=38859 (Consultada marzo de 2010)
Contreras, Giovanni. (2008) *País tiene desnutrición infantil más alta del Istmo*, Siglo XXI. (Guatemala, 1 de abril) En:
http://www.sigloxxi.com.gt/index.php?link=noticias¬iciaid=19116 (Consultada noviembre de 2009)
Elías, José. (2006) *El machismo es el conjunto de actitudes y prácticas sexistas vejatorias u ofensivas llevadas a cabo contra las mujeres,* (Guatemala, 18 de septiembre) El país.com En:
http://www.elpais.com/articulo/internacional/valores/machistas/campan/Guatemala/elpporint/20060918elpepuint_2/T es (Consultada enero de 2010)
Federación Panamericana de Lechería, FEPALE.
http://www.infoleche.com/Leche_escolar/GuatemalayelVasodeLecheEscolar.pdf (Consultada Enero de 2010)
Fondo de Población de la ONU. *En: http://guatemala.unfpa.org/* (Consultada noviembre de 2009)

http//www.rae.es/rae.html (Consultada Febrero de 2010)

http://buscon.rae.es/drael/SrvltConsulta?TIPO_BUS=3&LEMA=Rae/Noticias.nsf/portada?ReadForm (consultada noviembre de 2009)

http://buscon.rae.es/drael/SrvltConsulta?TIPO_BUS=3&LEMA=Rae/Noticias.nsf/portada?ReadForm (Consultada marzo de 2010)

http://diccionario.sensagent.com/marginacion/es-es/ (Consultada marzo de 2010)

http://es.wikipedia.org/wiki/Implosi%C3%B3n_demogr%C3% (Consultada marzo de 2010)

http://es.wikipedia.org/wiki/Oligarqu%C3%ADa (Consultada noviembre de 2009)

http://es.wikipedia.org/wiki/Poblaci%C3%B3n_mundial#Poblaci.C3.B3n_a_trav.C3.A9s_de_la_historia (consultada noviembre de 2009)

http://etnocentrismo.com/ (Consultada marzo de 2010)

http://guatemala.nutrinet.org/areas-tematicas/alimentacion-escolar/casos-exitosos/201-historia-de-la-alimentacion-escolar-en-guatemala (Consultada enero de 2010)
http://library.jid.org/en/mono35/lugo-verde.pdf (Consultada febrero de 2010)

http://www.antropos.galeon.com/html/etnicidad.htm (Consultada febrero de 2010) http://www.conaii.org.mx/Documentos/CHINA_ENFRENTA_BASURA_TECNOLOGICA.pdf (Consultada marzo de 2010)

http://www.corazones.org/moral/billings/billings.htm (Consultada noviembre de 2009)

http://www.monografias.com/trabajos27/escasez/escasez.shtml (Consultada abril de 2010)

http://www.oj.gob.gt/es/QueEsOJ/EstructuraOJ/UnidadesAdministrativas/CentroAnalisisDocumentacionJudicial/cds/CDs%20leyes/2005/pdfs/decretos/D087-2005.pdf (Consultada enero de 2010)

http://www.palabrita.net/index.php?action=viewentry&id=52435 (Consultada noviembre de 2009)

http://www.slideshare.net/tutraconcu/concepto-genero-presentation (Consultada febrero de 2010)

http://www.unicef.es/contenidos/768/index.htm?idtemplate=1 (Consulta, diciembre 2009)

http://www.violencia.8k.com/violen.htm (Consultada marzo de 2010)

http://www.youtube.com/watch?v=FikVBV6OUnw&feature=player_embedded (Consultada abril de 2010)

Instituto Nacional de Estadística, INE. En: http://www.ine.gob.gt/ (Consultada enero de 2010)

Movimiento Mundial por los Bosques Tropicales, WRM. (Octubre 2000) En:

http://www.wrm.org.uy/boletin/39/Tanzania.html (Consultada octubre 2009)

Muñoz, Mauricio Esteban. (2008) La pobreza estructural y la desigualdad social. En:

http://paraleerantesdedormir.blogspot.com/2008/03/pobreza-estructural-y-desigualdad.html (Consultada Febrero de 2010)

Phillips, Tony. (15 de noviembre 2004) NASA. En: http://ciencia.nasa.gov/headlines/y2004/15nov_maya.htm (Consultada Enero de 2010)

Programa Nacional de Competitividad, Pronacom (2008), Demografía. En:

http://www.investinguatemala.org/index.php?option=com_content&task=view&id=13&Itemid=15&lang=espano (Consultada, noviembre de 2009)

Proyecto de Ley En: http://www.albedrio.org/htm/documentos/AnteLeyDRI110407JuridicaFinal.pdf (Consultada noviembre de 2009)

Quinto, Ricardo. (13 de julio 2007) *La escasez de tierras cultivables frena crecimiento de la agricultura*, En: http://www.elperiodico.com.gt/es/20070713/actualidad/41586/ (Consultada noviembre 2009)

Recuperado el 26 de abril de 2010. En: http://www.un.org/spanish/milenio/ (Consultada abril 2010)

Rigalt, Carlos. (29 de abril de 2009) *Mineduc ha abierto 418 institutos secundarios en 2009*, En:

http://www.elperiodico.com.gt/es/20090429/pais/99203 (Consultada noviembre de 2009)

Salazar, Marta. (17 de febrero 2007) En: http://www.wikio.es/article/13145258 (Consultada marzo de 2010)

Sergio. (3 de noviembre 2009). En: http://www.mmagnum.com/2009/11/03/las-nieves-del-kilimanjaro-se-derriten-dia-a-dia/ (Consultada marzo 2010)

Torres Darias, Nestor. *Clonación humana: oportunidades y riesgos*. Sociedad para el avance del pensamiento crítico, ARP. En: http://www.arp-sapc.org/articulos/clonacion.htm (Consultada enero de 2010)

Trejo, Alba. (9 de noviembre de 2008) *Guatemala: Poca variación en el promedio de nacimientos en una década*. En: http://rotativo.com.mx/articulo,9217,html (Consultada, febrero 2010)

Valladares, Danilo. *El lago de Atitlán pide auxilio,* En: Ambiente-Guatemala, (IPS) http://ipsnoticias.net/nota.asp?idnews=93940 (Consultada marzo de 2010)

Violencia Estructural. En: http://www.ugr.es/~fmunoz/documentos/Violencia%20estructural.html (Consultada marzo de 2010)

Periódicos

Álvarez, Alejandra. (2010) *El Aborto es Práctica Común*. En: Prensa Libre (Guatemala, 24 de enero) p. 12.

Calderón, Lucy. (2009) *Cambio en el clima impacta al país*. En: Prensa Libre (Guatemala, 6 de diciembre)

Cardona, Karen. (2010) *Alcaldes manipulan datos para recibir más recursos*. En: Prensa Libre (Guatemala, 15 de marzo) pp. 2-3.

CEPAL (2009) *Región tendrá 9 millones más de pobres en 2009*. En: Siglo XXI (Guatemala, 20 de noviembre) p.20. *EFE y AP*

Cozens, Clair. (2009) *Deshielo en el Himalaya amenaza a 1,300 millones*. En: Siglo XXI (Guatemala, 7 de septiembre) p. 21.

Díaz Zeceña, Leonel. (2009) *Un alivio temporal de la pobreza no alcanza*. En: Prensa Libre (Guatemala, 9 de noviembre) p. 4.

En Declive. (2009) En: Prensa Libre (Guatemala, 30 de noviembre) P. 48. AFP, informe de ejecutivos del sector minero en Toronto, Canadá.

Escobar, Rigoberto. (2010) *Biósfera pierde 45% de bosque*. En: Prensa Libre (Guatemala, 17 de enero)
Escuelas sin cupo para más niños. (2009) En: Prensa Libre (Guatemala, 3 de diciembre) p. 24. Corresponsales

Fluye droga por vínculos entre maras y narcos. (2010) En: Prensa Libre (Guatemala. 25 de febrero) p. 47. *EFE*.

Gamazo, Carolina. (2010) *Nacer vivir y morir en Guatemala*. En: Prensa Libre (Guatemala, 9 de mayo). pp. 2-4.

Informe del Programa Mundial de Alimentos FAO, (Roma, Italia), (2009) *El estado de la seguridad alimentaria*, En: Prensa Libre (Guatemala, 15 de octubre) P. 2.

Informe FAO (2009) *Grandes Retos para la Agricultura Mundial*. En: Siglo XXI (Guatemala, 29 de septiembre) p. 8.

Magzul, Fernando (2009) *Quieren Planificar*. En: Prensa Libre (Guatemala, 13 de noviembre) p. 46.

Marroquín, Jennifer. (2009) *Reactivan economía con microcréditos*. En: Siglo XXI (Guatemala, 10 de noviembre) p. 5.

Martínez, Brenda (2009) *Feroz Sequía en Sudamérica*, En: Prensa Libre (Guatemala, 15 de noviembre) pp. 28-29.

Martínez, Francisco Mauricio. (2010) *Biotopos son destruidos por traficantes y depredadores*. En: Prensa Libre (Guatemala, 11 de enero)

Masó, Ángels. (2009) *Critica entrega de bolsas solidarias*. En: Prensa libre (Guatemala, 17 de diciembre) p. 6.

Méndez Villaseñor, Claudia. (2009) *Próxima batalla será por el agua*. En: Prensa Libre (Guatemala, 7 de diciembre) p.5. Previsiones del Instituto de Incidencia Ambiental (IIA)

Moctezuma, Wendy. (2010) *País está en puesto 111 de desigualdad*. Según Informe del Foro Económico Mundial. En: Siglo XXI (Guatemala, 4 de marzo) p. 7.

Mujeres se sienten marginadas. (2010) En: Prensa Libre (Guatemala, 9 de marzo) p. 28.

Osorio, J., Bonillo, C., y Méndez V., C. (2009) *Disputa por la Planificación Familiar*. En: Prensa Libre (Guatemala, 22 de noviembre) pp. 2-3.

Osorio, Jéssica. (2009) *Emiten Reglas para Salud Reproductiva*. En: Prensa Libre (Guatemala, 31 de octubre) p. 2.

Tejeda, Rudy. (2010) *Detectan redes de corrupción*. En: Siglo XXI (Guatemala, 19 de marzo) Ver: Informe de Transparencia Internacional (TI) *Redes de corrupción y redes corruptoras criminales, reformas para su erradicación.*